中国保险业意外伤害风险管理报告 2021

中国精算师协会◎主编

人民日报出版社
北 京

图书在版编目（CIP）数据

中国保险业意外伤害风险管理报告 . 2021 / 中国精算师协会主编 . -- 北京 : 人民日报出版社 , 2021.10

ISBN 978-7-5115-6937-0

Ⅰ . ①中… Ⅱ . ①中… Ⅲ . ①意外伤害保险－风险管理－研究报告－中国－ 2021 Ⅳ . ① F842.623

中国版本图书馆 CIP 数据核字 (2021) 第 255994 号

书　　名：中国保险业意外伤害风险管理报告 . 2021
主　　编：中国精算师协会

出 版 人：刘华新
责任编辑：周海燕
装帧设计：元泰书装

出版发行：人民日报出版社
社　　址：北京金台西路 2 号
邮政编码：100733
发行热线：（010）65369509 65369512 65363531 65363528
邮购热线：（010）65369530 65363527
编辑热线：（010）65369518
网　　址：www.peopledailypress.com
经　　销：新华书店
印　　刷：北京领先印刷有限公司
法律顾问：北京科宇律师事务所 010-83622312

开　　本：787mm×1092mm　1/16
字　　数：239 千字
印　　张：14
版　　次：2022 年 2 月第 1 版
印　　次：2022 年 2 月第 1 次印刷

书　　号：ISBN 978-7-5115-6937-0
定　　价：228.00 元

中国保险业意外伤害经验发生率表（2021）专家组

《中国保险业意外伤害风险管理报告（2021）》编委会

序言

Preface

人身险产品中，相对于寿险、健康险、年金险，意外险一向被看作是规模较小的险种，2020 年，意外险保费收入 1174 亿元，理赔支出 316 亿元，在人身险保费收入中仅占不到 4%。但意外险费率低、杠杆高，在为家庭提供意外缓冲、增强社会风险抵御能力方面作用突出，是广大消费者保险配置的首选，也是保险公司市场开拓的桥头堡、服务水平的显示器。长期以来，由于意外险市场基础设施建设较为薄弱，意外险产品定价科学性不强，与广大保险消费者的意外风险保障需求并不相适应。

加强金融基础设施建设，推进供给侧结构性改革、推动金融高质量发展，是党中央国务院做出的系列重要战略部署，意外表编制工作可以夯实意外险定价基础，健全价格形成机制，是保险行业落实党中央国务院有关决策部署的具体体现。在中国银保监会的指导下，精算师协会、保险业协会和中国银保信整合行业精锐力量组织成立意外表编制项目组，于 2020 年 3 月启动了意外险发生率表编制工作，在深入开展调研、全面验收数据、充分开展测试、广泛征求意见的基础上，历经一年余，完成了 2021 版意外表的编制。2021 年 8 月，精算师协会邀请了来自行业内外的专家对意外表编制过程及成果进行了充分的论证，并通过了评审。

意外表编制工作基础性强、涉及面广、复杂度高、国内外可借鉴先例少，既是保险行业影响深远、意义重大的大事，又充满了困难和挑战。但项目组克服部分数据缺乏行业统一规范和标准及疫情带来的影响，先后对 56 家保险公司 712 款产品的百余个字段展开梳理校验，完成了包含 53.3 亿条承保数据、745.5 万条理赔数据的数据验收，并在深入调研、充分测试的基础上形成了丰富的研究成果，《中国保险业意外伤害风险管理报告 2021》就是这次项目的重要成果之一。

本报告对此次项目编制过程、技术及成果进行了全面的梳理总结，展示了行业最新、最全的意外险数据，体现了行业最先进、最全面的经验分析技术，具有重要的使用、学习和参考价值。风险管理报告得到了全行业的大力支持，凝结了全体项目组成员的智慧和汗水，在此，我代表精算师协会，向各位项目组成员、向关心和支持保险业高质量发展的各界人士表示衷心的感谢！

“大哉乾坤内，吾道长悠悠”，2021 版意外表编制工作虽告一段落，但仍存在不少遗憾和不足，后续仍需力学笃行、精进不休。希望精算师协会继续坚持专业、严谨、高效、扎实的工作作风，更好地整合行业技术、人才和资源，扩大经验分析工作领域，加快经验分析人才培养，百尺竿头，更进一步！

中国精算师协会会长

2021 年 12 月

目　录

CONTENTS

第1章

前言／概述

1.1　项目背景

1.1.1　意外表编制的背景

2017 年，保险业协会首次开展了意外伤害发生率表的测算工作，填补了国内意外险发生率研究测算工作的空白，为促进意外险科学定价、产品创新和提高保险业风险管理能力发挥了重要作用。随着全社会风险管理意识的增强和对意外险保障功能重视程度的提高，原有的意外险发生率研究测算成果在覆盖面、适用性和动态调整机制等方面，已不能充分反映发生率的实际情况，不能适应意外险市场发展的需要，行业内外对于编制意外表的需求十分强烈，形成了广泛共识。在中国银保监会的指导下，精算师协会、保险业协会和中国银保信于 2020 年 3 月启动了意外险发生率表编制工作，以夯实意外险的定价基础，加快建立意外险费率市场化形成机制。3 家单位通力合作，积极整合行业力量和资源，组织成立发生率表编制小组、数据小组、职业分类标准研究小组等 12 个职能小组，在深入开展调研、全面验收数据、充分开展测试、广泛征求意见的基础上，扎实有序推进相关工作，经专家论证评审，最终形成了 2021 版意外表。

1.1.2　意外表编制的重要意义

意外表编制工作基础性强、涉及面广、复杂度高，是保险行业的一件大事，影响深远、意义重大。

意外表编制是深化保险业供给侧结构性改革的内在需要。意外险具有低门槛、低保费、高频率、高保额的特点，普通大众均可入手，一顿饭钱就能撬动上百万元保险保障，在提高人民群众风险保障意识、增强社会风险抵御能力等方面具有突出作用。但长期以来由于意外险市场基础比较薄弱，意外险产品定价科学性不强，与广大保险消费者的意外风险保障需求不相适应。通过编制意外表，可以夯实意外险定价基础，健全价格形成机制，加快建立意外险费率市场化形成机制，编制意外表是加快推进意外险供给侧结构性改革的必然要求。

意外表编制是推动意外险高质量发展的重要举措。本次意外表包含了普通意外险（编制到 105 岁，老年段可为老年人专属意外险提供参考）和学平险等特殊意外险的意外身故发生率表和意外伤残系数表，并提供职业等级风险系数参考表，较为准确地反映了意外险市场经验情况。意外表的编制能够有效推动市场主体根据行业经验、市场情况及自身历史数据，科学厘定符合市场实际的费率；能够有效推动以市场为主体、以需求为导向的产品创新机制的形成；能够有效推动针对不同职业、地区和场景等细分市场的产品创新和供给，切实推动意外险市场高质量高水平发展。

意外表编制是切实提高消费者满意度的重要手段。近年来，意外险市场呈现出较多乱象，使得部分保险消费者消费权益受损、消费体验较差，影响了保险行业的社会形象。意外表的编制有利于完善意外险定价机制，提高定价精细化水平，为消费者提供更多优质优价的保险产品，有助于提高意外险市场规范化水平，提升消费者满意度。

1.1.3 意外表编制的主要成果

意外表的主要成果包括：首次编制了全应用场景的个人普通意外、学平少儿意外的身故发生率表及伤残系数表，并区分到性别与年龄，为风险细分及产品创新提供依据；首次编制了职业等级风险系数参考表，为行业进一步厘清职业风险等级及风险状况奠定了基础；编写《中国保险业意外伤害风险管理报告》及《国民防范意外风险教育读本》，多维度展开意外伤害风险分析，为行业内外强化意外风险管理、提高意外风险防范意识提供重要参考；形成意外险数据规范及多项行业标准，夯实意外险数据基础，从源头降低行业经营风险，进一步强化行业意外险数据治理及基础设施建设。

1.2 组织实施

1.2.1 组织架构

此次意外表编制项目工作由中国银保监会指导，中国银保信、保险业协会与精算师协会共同实施开展，设立意外表编制领导小组和工作小组。

领导小组组长由中国银保监会分管人身险部的副主席担任，成员包括银保监会人身险部、财险部、中介部、中国银保信、保险业协会、精算师协会。领导小组的职责是：贯彻会党委有关意外险发生率表编制工作的指示精神，审定意外险发生率表，研究解决意外险发生率表编制工作中的重要问题，听取意外险发生率表编制工作小组有关工作汇报。

领导小组下设工作小组，组长由人身险部领导担任，副组长由中国银保信、保险业协会、精算师协会的领导担任，成员包括人身险部精算处以及领导小组成员单位的有关工作人员。工作小组的职责是：落实意外险发生率表编制领导小组的要求，研究起草意外险发生率表编制工作方案，组织开展数据准备、发生率测算、跨行业研究、意见征求、专家论证、建立动态修订机制等工作，发布发生率表和有关研究成果。

考虑到意外险发生率表编制工作时间紧、数据量大、资源消耗大、参与单位多、保密要求高，为有序推进意外险发生率表编制工作，加强项目工作的研究深度，保证项目研究成果的科学性、专业性，在意外伤害经验发生率表编制工作小组领导下成立 12 个职能小组，各成员单位分工明确、通力协作。精算师协会牵头发生率编制小组、发生率高年龄外推研究小组、发生率趋势研究小组、发生率曲线修匀研究

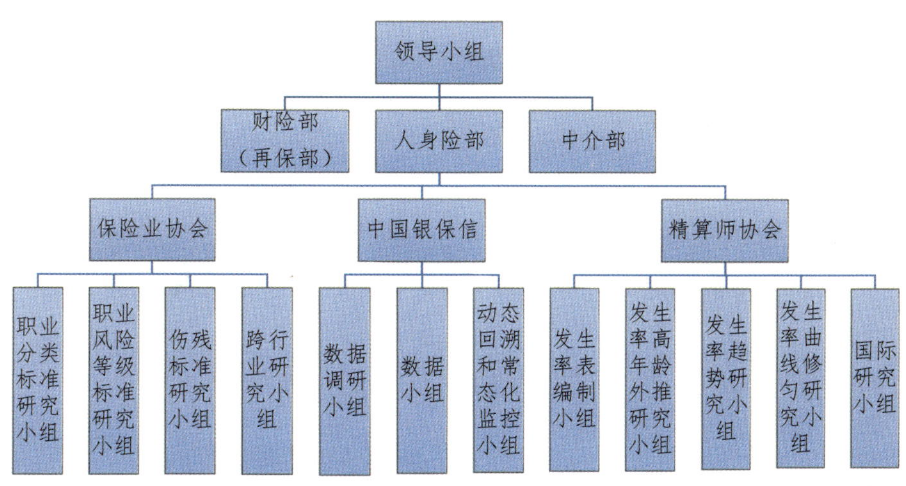

图 1.2.1 意外险发生率表编制工作小组职能小组图

小组、国际研究小组工作，负责组织保险行业开展普通意外险、学平少儿险等特定类别意外险的数据准备和发生率测算工作；研究普通意外险和特定类别意外险的风险管理建议及措施；负责组织保险行业进行普通意外险和特定类别意外险发生率测算结果评审并征求意见。中国银保信牵头职业分类标准研究小组、职业风险等级标准研究小组、伤残代码标准研究小组、跨行业研究小组工作，在领导小组和工作小组的指导下统筹发生率测算工作，负责工作整体沟通协调；提供测算工作场地、软硬件等资源；协调开展数据准备，统一数据标准，参与发生率测算；制定调研方案，组织开展调研；建立动态回溯和常态化监控机制并具体落实；定期向工作小组汇报工作进展情况，撰写工作报告。保险业协会牵头数据调研小组、数据小组、动态回溯和常态化监控小组工作，负责组织研讨意外险发生率测算及意外风险研究的经验；组织保险行业开展跨行业研究工作；开展意外险职业分类及风险等级研究，积极推动新残标的国标申报工作，为细化意外险发生率提供支持；发布意外险发生率表编制工作成果，组织利用多种载体开展意外险发生率测算成果的公众宣传工作。

1.2.2 实施过程

此次意外表的编制工作分为 5 个阶段，分别为工作启动阶段、数据准备阶段、意外表编制阶段、征求意见及论证评审阶段、成果发布及后续宣传阶段。

1. 工作启动（2020 年 2 月至 3 月）

2020 年 1 月 17 日，中国银保监会下发《关于加快推进意外险改革的意见》（银保监办发〔2020〕4 号），意见提出要推进市场化定价改革，编制意外险发生率表。

2020 年 3 月 17 日，中国银保监会下发《关于启动和推进意外险发生率编制工作的函》（人身险部函（2020）50 号），正式启动了意外险发生率表编制工作，并制定了意外伤害经验发生率表编制工作方案。

中国银保信、保险业协会、精算师协会第一时间开展了相关准备工作，根据职责分工、考虑实际工作需要制定了详细的工作计划，完成了测算环境搭建。

2. 数据准备（2020 年 3 月至 12 月）

为夯实意外险数据基础，确保意外表编制质量，项目组在数据准备阶段花费了大量的时间和精力。准备过程分为确定测算范围、提取测算数据、探查与验收数据、清洗与补录理赔数据、粗率试算与合理性校验 5 个阶段。

在确定测算范围阶段，确定参与数据收集的保险公司为一阶段 12 家、二阶段 44 家，筛选 56 家保险公司共计 535 款产品，梳理涉及产品要素表、保单基本信息表、理赔基本信息表、团单信息表的 137 个字段，针对各字段的业务含义、取值范围及报送方式制定了报送细则，明确了数据报送标准。

在提取测算数据阶段，基于保单登记平台完成了承保、理赔数据提取工作，共涉及约 53.3 亿条承保数据，745.5 万条理赔数据，并对承保 49 项字段与理赔 34 项字段进行了标准化工作。

在探查与验收数据阶段，对数据条数、数据项开展完整性校验，对关键字段如职业代码、地区代码、理赔事故原因开展合理性校验，对重点字段设计了 121 条检查逻辑，校验数据表的表内及表间逻辑。针对校验过程中发现的错误数据开展修订工作，组织平均每家公司修订 10 余项问题，确保了数据质量。

在清洗与补录理赔数据阶段，着力细分事故原因，结构化出险地点、时间等反映风险要素的信息。依据保险业协会发布的《意外事故原因分类与编码》、ICD-10

代码，对事故原因进行分类，建立人工智能模型进行自动清洗，结合人工补录，完成了 50 余万条意外身故、伤残理赔数据的清洗与补录。

在粗率试算与合理性校验阶段，分三轮次分别对核心公司、中小公司、大型公司重点产品的粗率开展合理性校验，分产品对比行业测算数据与公司实际情况差异，基于此调整产品范围与计算逻辑，确保了项目组暴露数和发生数与行业经验一致。

2020 年 12 月，意外伤害经验发生率表编制工作阶段性总结会议在上海召开，会上总结了数据准备及验收成果及经验，研讨了数据规范，汇报了粗发生率试算结果，为意外表的编制奠定了坚实基础。

3. 意外表编制（2020 年 12 月至 2021 年 4 月）

意外表编制阶段主要完成了普通意外险和学平少儿险按年龄或年龄段划分的意外身故和意外伤残发生率表编制工作，完成了《中国保险业意外伤害风险管理报告（2021）》和《国民防范意外风险教育读本》的编写工作。

在意外表编制阶段，项目组开展全面深入的分析，综合分析各因素对发生率的影响。通过比较细分产品类型后发生率水平的差异，深入分析产生差异的原因，锁定客户群、产品，调整编表产品范围；以国内外行业及人口数据为对比标的，深挖差异根源，开展合理性校验；分析件数及保额发生率口径差异，保障编表科学性；开展赔案归因专项调研，梳理行业理赔实务操作流程，深入分析各年龄段事故原因构成。在此基础上，通过合理修匀外推和趋势分析，形成意外表初表。

2021 年 3 月，意外伤害经验发生率表编制成果研讨会议在中国银保监会召开，在已汇报的意外表粗发生率口径、编制方法和各技术小组初步研究结果的基础上，形成了第一版意外表编制方案。

项目组在完成编表的同时，同步开展了全面经验分析和报告编制工作，对我国产寿险意外险的产品市场、承保客群特点、赔案特点、意外死亡及残疾情况等主题开展分析，形成风险管理报告。同时项目组对编表过程中的外推、趋势、国际研究等技术方面研究工作进行梳理归纳，形成技术分析文档并纳入风险管理报告。此外，项目组从广大国民与保险消费者视角，在意外风险介绍、不同客群如何选择意外保险等方面普及相关知识，形成《国民防范意外风险教育读本》。

4. 征求意见及论证评审（2021 年 4 月至 8 月）

为评估意外表编制对保险公司意外险产品设计、定价等方面的影响，同时征求项目组对意外表编制架构、相关口径和技术参数的意见，项目组在 2021 年 3 月开展了意外表初稿方案的 13 家项目组内保险公司内测工作，于 2021 年 4 月面向行业发布 2021 版意外表征求意见稿，于 2021 年 5 月 17 日完成了反馈意见的收集工作。

针对意外表意见征求结果，项目组形成第二版意外表编制方案，对意外表编制口径进行了调整优化，例如：增加普通意外身故发生率表、学平少儿意外身故发生率表的风险边际，风险边际估计采用公司间差异和产品差异定量评估的方式确定；普通意外伤残发生率比例分性别分年龄段（每 10 岁一段）编表，80 岁以上合并为一段；学平少儿意外伤残发生率比例分性别分年龄段编表，年龄划分为学龄前儿童（0-5 岁）、小学生（6-11 岁）、中学生（12-18 岁）等。

2021 年 8 月 4 日，《中国保险业意外伤害经验发生率表（2021）》行业专家论证评审会于北京召开，来自保险公司、高校、人口及交通行业的专家代表就意外表编制工作开展情况及征求意见稿进行了论证，并予以评审通过。

5. 成果发布及后续宣传（2021 年 9 月至 2022 年 1 月）

2021 年 9 月 23 日，精算师协会、保险业协会、中国银保信联合面向行业正式发布《中国保险业意外伤害经验发生率表（2021）》。2021 年 12 月 -2022 年 1 月，精算师协会陆续面向行业及广大消费者发布了《中国保险业意外伤害风险管理报告（2021）》《国民防范意外风险教育读本》。2022 年 1 月，精算师协会组织举办《中国保险业意外伤害经验发生率表（2021）》编制项目专题培训会，向行业介绍意外表编制工作成果并分享编制经验。

1.3 数据收集情况

1.3.1 参与公司

意外险发生率表的数据收集有 56 家公司参与，其中寿险公司 31 家，财险公司 25 家，具体详见附录 2。

1.3.2 观察期

意外险发生率表的观察期为 2015 年 1 月 1 日至 2019 年 12 月 31 日，共 5 个观察年度。

1.3.3 数据范围

从产品看，意外险发生率表的数据收集范围为不区分特定时间和特定人群、保障全场景意外身故和伤残风险的意外险产品，主要包括普通意外险、学平少儿险和老年意外险；同时搜集返本自驾险、定期寿险和终身寿险以补充测算数据（具体详见附录 2）。

从保单看，意外险发生率表的数据收集范围为观察期内经历过有效状态的包含意外身故和意外伤残责任的保单。包括：

- 观察期前承保，在观察期开始时有效的保单；

- 观察期内生效的保单。

因为意外赔案的结案周期较长，所以赔案范围限定为观察期内出险，且在 2020 年 6 月 30 日前结案的赔案。

1.4　意外表的编制

此次行业意外险发生率表项目共完成 5 张表，其中 2 张发生率表，分别为个人普通意外身故发生率表、学平少儿意外身故发生率表；3 张系数（参考）表，分别为个人普通意外伤残系数表、学平少儿意外伤残系数表、职业等级风险系数参考表。

上述 5 张表中，意外身故发生率表及意外伤残系数表均为行业经验表，反映实务情况。职业等级风险系数参考表需要与个人普通意外险 18-60 岁的意外身故发生率表和意外伤残系数表配套使用。

表 1.4.1　行业意外险发生率表编制项目成果表

英文简称	全称	年龄范围（岁）
CA1（2021）	分年龄分性别个人普通意外身故发生率表（0–105）	0–105
CA2（2021）	分年龄段分性别个人普通意外伤残系数表（0–105）	0–105
CA3（2021）	分年龄分性别学平少儿意外身故发生率表（0–18）	0–18
CA4（2021）	分年龄段分性别学平少儿意外伤残系数表（0–18）	0–18
CA5（2021）	职业等级风险系数参考表（18–60）	18–60

本次编表所包含的普通意外险是指保障范围不限制特定场景、不限制特定人群的意外险产品，具体包括普通意外险中除借款人意外、农村小额意外、家庭意外之外的其他产品，以及老年人专属意外险产品。

本次编表所包含的学平少儿险是指学生平安意外险及学生儿童意外险产品，不包括特定地区学平险。

1.4.1 相关说明

1.4.1.1 基本定义

年龄（x）：按“周岁法”计算，使用上一生日年龄。

暴露数（E_x）：精确计算出的保单累积生效时长，单位为年，按保单数计算。

死亡数（D_x）：包含所有因意外身故赔案，按赔案件数计算。

1.4.1.2 粗意外身故发生率的计算

$$i_x^0 = \frac{D_x}{E_x}$$

1.4.2 编表数据范围的确定

项目组根据行业意外表项目经验分析结果，确定了此次行业意外险发生率表的编表数据范围。

1.4.2.1 产品范围

个人普通意外表的产品范围如下：

- 产品类型：含有意外死亡或伤残责任的一般普通意外险产品及老年人专属意外险产品；
- 团个险：一般普通意外险产品中的个险产品、个险保单；老年人专属意外险产品中的个险产品、个险保单；
- 保险年期：一般普通意外险产品中，产品定义保险年期为一年期、一年及以内的产品对应的保单；

学平少儿意外表的产品范围如下：

- 产品类型：含有意外死亡或伤残责任的学生平安意外险、学生儿童意外险产品；

- 团个险：所有个险产品；
- 保险年期：不区分保险年期。

1.4.2.2 观察期

意外表编制的观察期为 2015 年 1 月 1 日至 2019 年 12 月 31 日，共 5 个观察年度。保单范围包括：观察期前承保，在观察期开始时有效的保单，以及在观察期内生效的保单。赔案范围包括：2015 年 1 月 1 日至 2019 年 12 月 31 日之间出险，且在 2020 年 6 月 30 日前结案的赔案。

1.4.2.3 年龄

在个人普通意外身故发生率表样本数据中，0-85 岁的暴露数比较充分，85 岁以上的高年龄样本量不到 0.1%。因此，采用 0-85 岁样本作为个人普通意外身故发生率表的计算基础，并对高年龄普意身故发生率进行合理外推。

在学平少儿意外身故发生率表样本数据中，0-18 岁的暴露数占比约为 94%，其中 0-3 岁暴露数占比约为 8%，较为充分。因此，采用 0-18 岁样本作为学平少儿意外身故发生率表的计算基础。

1.4.2.4 保单范围

本次意外表编制中，对于生日、性别、生效日期缺失的保单均进行了剔除，在个人普通意外身故发生率表样本数据中，对保单性质为团单的保单进行了剔除。最终测算保单数为 13.2 亿。

1.4.2.5 赔案范围

本次意外表编制的赔案范围为意外导致的身故、伤残理赔案件，剔除了拒赔、赔付额不大于 0、无对应承保的赔案记录。同时，对于同一保单下的同一被保险人，如果出现多条死亡或高残记录，仅保留出险时间最晚的一条赔案，最终测算赔案数为 28.3 万件。

1.4.3 编表方法

1.4.3.1 意外身故发生率表

行业意外表编表的编制具体步骤分为粗发生率计算、趋势调整、波动性调整、第一次修匀、高龄外推、第二次修匀、增加风险边际共 7 个步骤。

1. 粗发生率计算

以参与编表的数据为基础，计算分年龄、分性别的 0-85 岁粗个人普通意外身故发生率和学平少儿意外身故发生率，得到i_x^0，即：

$$i_x^0 = \frac{D_x}{E_x}$$

2. 趋势调整

本次行业意外表编制的观察期为 2015 年 1 月 1 日至 2019 年 12 月 31 日。逐年数据计算得到的粗意外发生率的平均值i_x^0反映了观察期的平均时点（2017 年 6 月 30 日）的意外身故发生率数 IP。从平均观察时点到意外表公布时点（2021 年 6 月 30 日），根据不同性别、年龄、意外损伤原因的发生率数 IP 在这 4 年间的变化，通过趋势调整，得到i_x^1。

3. 波动性调整

考虑到意外身故发生率的随机波动风险，根据趋势调整后的意外身故发生率i_x^1及相应的暴露数，计算 95% 置信度下的分年龄分性别粗意外身故发生率置信区间。并采用置信区间的上界作为风险附加后的发生率i_x^2，即：

$$i_x^2 = i_x^1 + 1.96 \times \sqrt{\frac{i_x^1 \times (1 - i_x^1)}{E_x}}$$

4. 高龄外推

此次个人普通意外身故发生率表在 85 岁以上的样本量占比较少，高龄段普意身故发生率的确定主要通过外推进行，外推从 70 岁开始进行。目前国际上意外发生率表成表较少，可参考的外推方法论较少，在现有的意外发生率表编表报告中，高年龄段多采用简单插值外推，缺乏理论依据。本次通过参考人口数据中意外身故占比，采取综合比例和线性插值方法进行外推，最终得到i_x^3。

5. 二次数据修匀

本次意外险修匀采用了 Whittaker 方法，修匀结果通过了残差、拟合度、光弧度等统计量相关检验。实务操作中，个人普通意外身故发生率表在外推前对 0-85 岁、外推后对 0-105 岁的分年龄性别发生率进行了修匀；学平少儿意外身故发生率，直接对 0-18 岁的分年龄性别发生率进行修匀，得到i_x^4。

6. 风险边际附加

此次编制的意外表主要反映实务情况，作为定价参考。意外险产品的形态较为多样，公司间、公司内存在一定波动。

根据谨慎性原则，区分产品类别（普通意外险、学平少儿险）、性别、每 5 岁年龄段计算公司间发生率的标准差，利用标准差与该性别、年龄段的发生率的比例来作为当前性别年龄段的风险边际调整幅度，得到i_x^5。

1.4.3.2　意外伤残发生率比例表

个人普通意外伤残发生率比例表的数据范围，主要基于个险产品中保险期间为一年期，且含有意外伤残责任的一般普通意外险产品及老年人专属意外险产品。

学平少儿意外伤残发生率比例表的数据范围，主要基于个险产品中保险期间为一年期、一年期及以内，且含有意外伤残责任的学生平安意外险及学生儿童意外险产品。两张表具体编制过程均为：

第 1 步，计算按伤残等级赔付比例加权后的伤残件数发生率。

第 2 步，基于身故发生粗率，分年龄段、性别，分别计算伤残比例。

1.4.3.3 职业等级风险系数参考表

职业等级风险系数参考表的数据范围，主要基于个险产品中保险期间为一年期，且含有意外身故或伤残责任的一般普通意外险产品及老年人专属意外险产品。由于18岁以下和60岁以上的人群的职业等级分布较为单一，因此职业等级风险系数参考表年龄范围为18-60岁。

具体编制过程为：

第1步，分别计算不同职业风险等级的身故、残疾发生率粗率。

第2步，基于整体身故、残疾发生粗率，分别计算不同职业等级发生率的相对比例。

第2章

意外表分析

2.1　意外表结果

2.1.1　意外身故发生率

2.1.1.1　普通意外险[①]

在 0-10 岁，意外身故发生率呈现下降趋势；从 11 岁开始，意外身故发生率呈现上升趋势。男性意外身故发生率始终高于女性，尤其在 10-67 岁之间，男性发生率是女性的 2 倍以上；在高年龄段，男性和女性的意外身故发生率趋于一致。

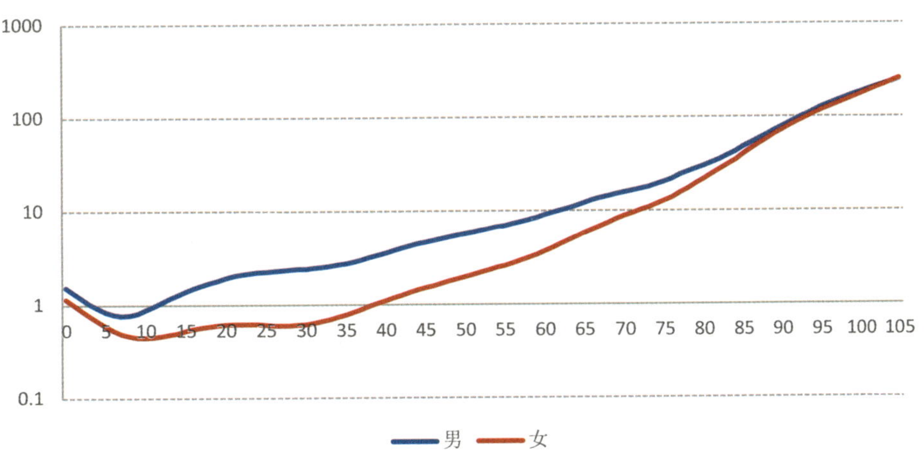

图 2.1.1　分年龄分性别个人普通意外身故发生率表（0–105）（CA1）（单位：1/10000）

① 如无特殊说明，本章节普通意外险分析范围与分年龄分性别个人普通意外身故发生率表（CA1）测算范围一致。

2.1.1.2 学平少儿险[①]

学平少儿险是专门以学生为主要客群的专属产品。婴幼儿阶段 0-2 岁，学平少儿险的意外身故发生率低于普通意外险，而入学教育后 3-13 岁，学平少儿险意外身故发生率均高于普通意外险，14-18 岁学平少儿险发生率趋势与普通意外险差异最大，普通意外险在该年龄段随着年龄增加发生率上升，而学平少儿险反而是呈下降趋势，这主要是因为人群职业的不同。学平少儿险中 14-18 岁被保险人为大、中学生，而普通意外险 14-18 岁被保险人主要为完成义务教育后参加工作的人。

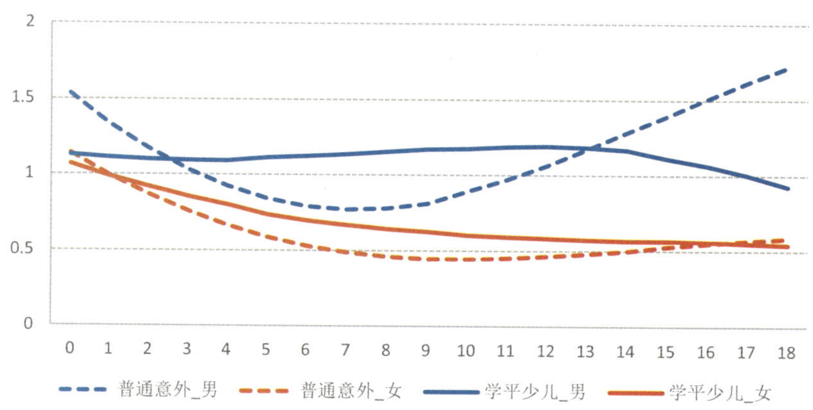

图 2.1.2 分年龄分性别普通意外与学平少儿意外身故发生率表对比（0−18）（单位：1/10000）

2.1.2 意外残疾发生率

2.1.2.1 普通意外险

普通意外险的意外残疾发生率，与意外身故发生率呈现一定的比例关系，在低年龄段，意外残疾与意外身故的比例较低，中青年段残疾与身故的比例最高，尤其是女性接近 50%。主要是该人群的身体素质较未成年人和老年人更好，在遭遇意外事故时更可能存活（残疾），而不是身故。60 岁之后残疾与身故的比例下降，80 岁

① 如无特殊说明，本章节学平少儿险分析范围与分年龄分性别学平少儿意外身故发生率表（CA3）测算范围一致。

以上残疾与身故的比例仅为 3%-8%。

表 2.1.1　分年龄段分性别个人普通意外伤残系数比例表（0–105）（CA2）

年龄段	男	女
0–9	11%	10%
10–19	18%	18%
20–29	29%	29%
30–39	38%	46%
40–49	39%	51%
50–59	34%	48%
60–69	20%	27%
70–79	6%	11%
80–105	3%	8%

2.1.2.2　学平少儿险

学平少儿险的残疾与身故比例介于 6% 至 8% 之间，显著低于普通意外险。

表 2.1.2　分年龄段分性别学平少儿意外伤残系数表（0–18）（CA4）

年龄段	男	女
0–5	6%	6%
6–11	7%	7%
12–18	8%	8%

2.1.3 职业风险等级系数

职业风险等级系数表示各职业风险等级意外身故和残疾发生率相对于全行业表意外身故和残疾发生率的比例水平，职业等级越高，风险系数越高，其中 7 级为拒保未列示。

表 2.1.3　职业等级风险系数参考表（18-60）（CA5）

职业风险等级	风险系数
1 级	80%
2 级	120%
3 级	140%
4 级	160%
5 级	200%
6 级	300%

2.2　意外险发生率比较

项目组收集到 4 个国家或地区的数据材料，分别是中国大陆 2019 年城市居民人口意外身故发生率表，中国台湾 2017 年意外事故（死亡 / 失能 / 医疗）发生率研究报告，韩国 2019 年发布的行业意外事故发生率表（死亡 / 残疾），日本 2019 年国民人口意外身故发生率表。

对于意外身故，各个国家或地区具有一定可比性，而意外残疾，由于各个国家或地区的残疾标准不同，赔付比例也不同，因此暂无法进行比较。下面主要展示各个国家或地区与本次普通意外险意外身故发生率的相对水平。

2.2.1　与中国大陆城市居民意外身故人口发生率比较

本节对普通意外险意外身故发生率和中国大陆意外身故人口发生率进行对比分析。中国大陆意外身故人口经验发生率采用中国卫生统计年鉴（2020 年版）中城市居民的损伤和中毒死亡率（含自杀和被杀）。结果显示，行业意外身故发生率与中国城市居民人口经验对比，随着年龄增长，比值上升，即低年龄比城市居民人口经验略低，而高年龄则比城市居民人口经验高，最高达到 226%。

图 2.2.1　中国大陆普意险意外身故发生率与城市居民意外身故人口发生率比较图

2.2.2 与中国台湾意外险意外身故发生率比较

本节对中国大陆普通意外险意外身故发生率和中国台湾意外险意外身故发生率进行对比分析。中国台湾意外险意外身故经验发生率采用中国台湾 2017 年意外事故发生率研究报告中的意外死亡粗发生率数据。结果显示，中国大陆男性意外身故发生率高于中国台湾，平均比值约 130%；女性 40 岁前发生率高于中国台湾，40 岁之后则大部分低于中国台湾。

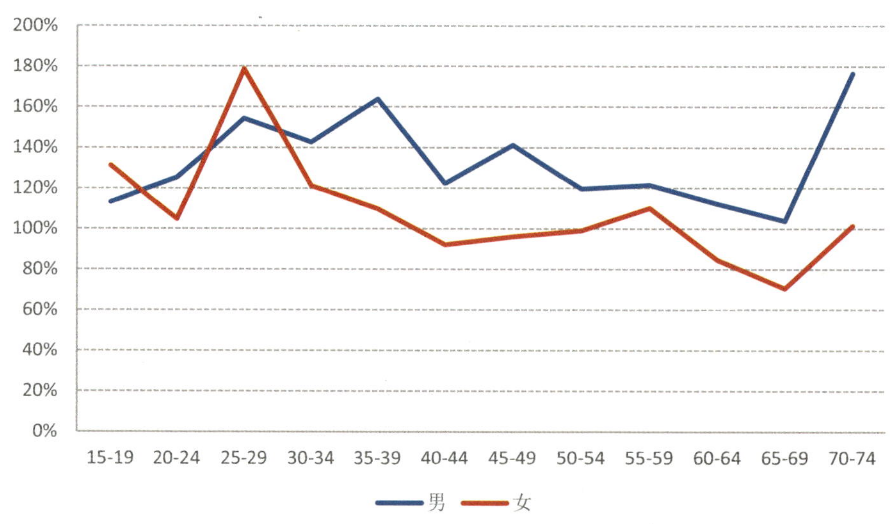

图 2.2.2　中国大陆普意险意外身故发生率与中国台湾意外险意外身故发生率比较图

2.2.3 与韩国意外险意外身故发生率比较

韩国在 2019 年发布了意外险意外事故发生率表，包括意外死亡和意外残疾发生率，意外死亡发生率是一般意外和交通意外的总和。中国大陆普意险意外身故发生率除个别年龄外，大部分年龄都远高于韩国意外险意外身故发生率，男性发生率平均约是韩国的 178%，女性则是韩国的 220%。

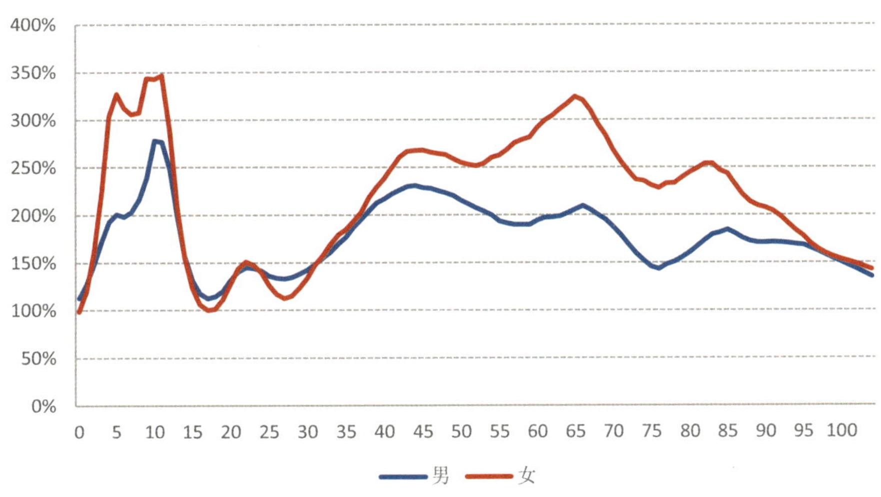

图 2.2.3　中国大陆普意险意外身故发生率与韩国意外险意外身故发生率比较图

2.2.4 与日本人口意外身故发生率比较

根据日本统计局和厚生劳动省网站公布的日本 2019 年国民人口分年龄段的人口总数和意外身故人数，推算日本 2019 年人口意外身故发生率，该意外身故不含自杀和他杀。中国大陆普意险意外身故发生率远远高于日本人口意外身故发生率，平均比例超过 300%。日本意外身故发生率较低可能与其交通意外身故发生率较低有关。

图 2.2.4 中国大陆普意险意外身故发生率与日本人口意外身故发生率比较图

第3章

样本分析

3.1　产品概况[①]

3.1.1 市场规模

2015-2019 年，产寿险公司累计销售个人意外险产品约 13.09 亿单，累计保费约 483 亿元，累计承保保额达到 150 万亿元。

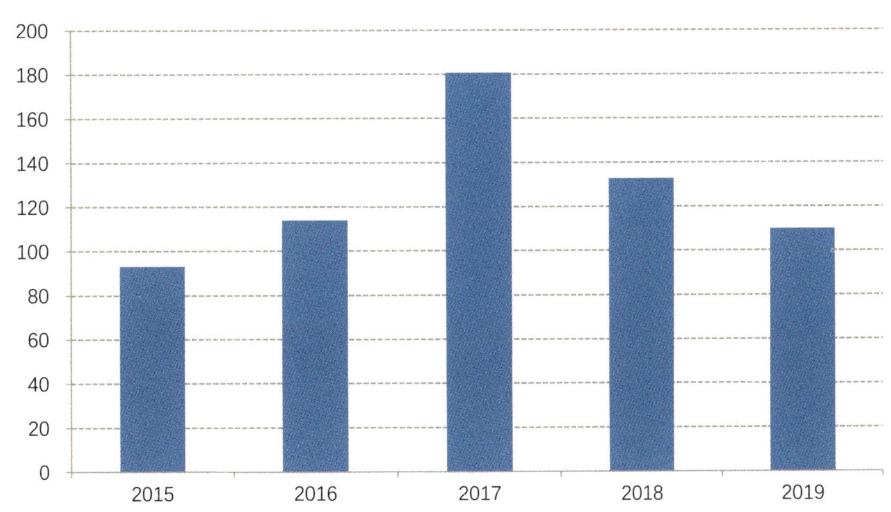

图 3.1.1　2015-2019 年个人意外险保费图（单位：人民币亿元）

① 本章节所分析的意外险范围与本报告发生率测算范围一致，仅包含短期个人普通意外险产品、短期学平险和老年意外险产品，不包含借款人意外、农村小额意外等特殊人群的意外险产品。

2019 年底，个人意外险人口覆盖率[①]为 20.52%。其中 0-9 岁的覆盖率最高，为 31.79%；10-19 岁的覆盖率次之，为 29.89%；成年人中 20-29 岁、30-39 岁的覆盖率较高，分别为 27.55% 和 26.65%；80 岁以上的人群覆盖率最低，约为 0.43%。

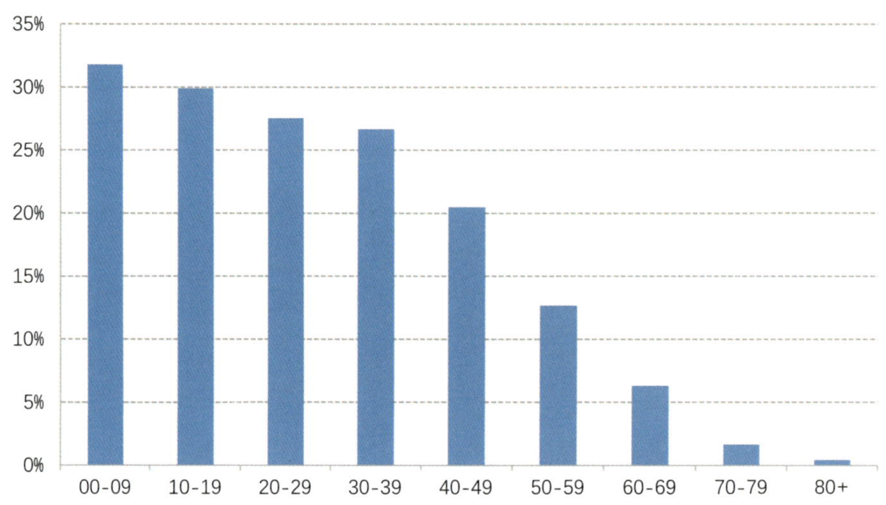

图 3.1.2　2019 年分年龄段个人意外险人口覆盖率图

从分省份[②]人口覆盖率来看，上海的覆盖率最高，为 70%，遥遥领先于其他省份。湖北、江西的覆盖率也较高，超过 30%。西藏的覆盖率最低，不足 5%。

① 人口覆盖率指承保人次与中国大陆人口数比值，中国大陆人口数据为 2020 年第七次人口普查总人口数、2019 年人口抽样的年龄比例和省份比例数据。下同。

② 被保险人所属省份划分基于出单机构。

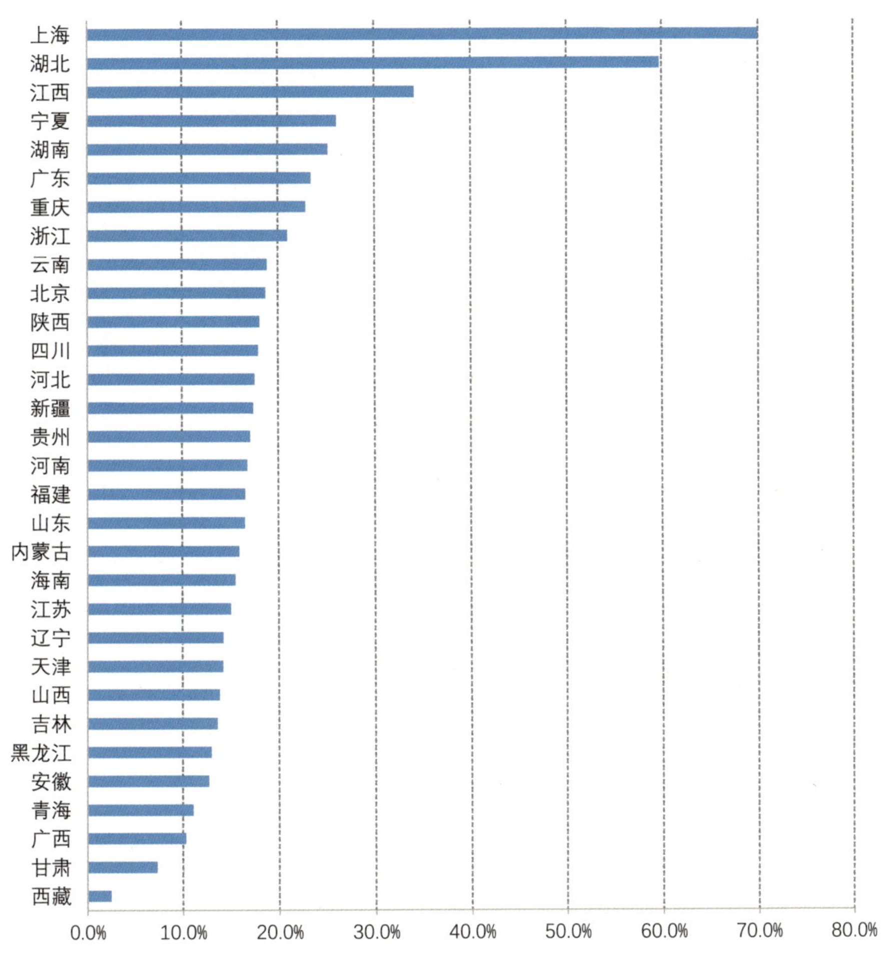

图 3.1.3　2019 年分省份个人意外险人口覆盖率图

2015-2019 年，共有 46 家产寿险公司开展个人意外险业务。随着个人意外险业务发展，个人意外险业务集中度[①]从 2015 年的 89.9% 下降至 2019 年的 84.1%。

① 业务集中度指保费前 10 名的公司保费合计占市场总保费的比例。

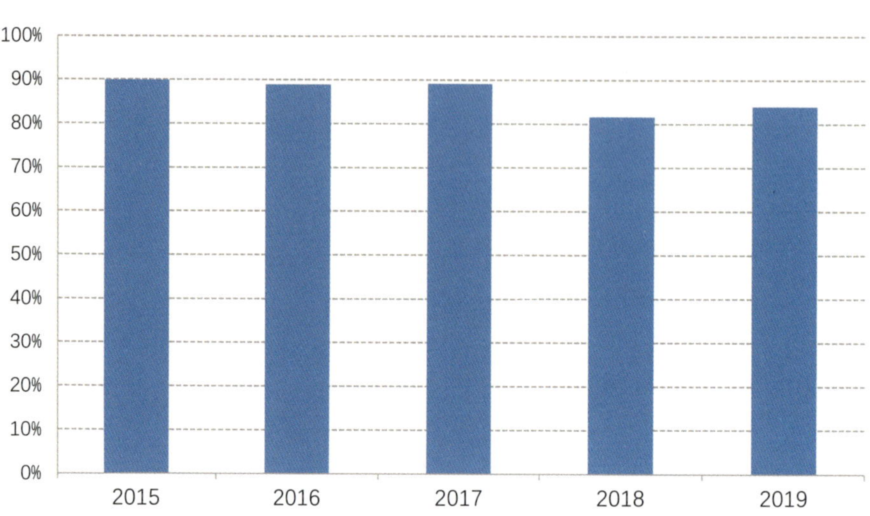

图 3.1.4　2015-2019 年个人意外险业务集中度情况图

3.1.2 产品分析

2015-2019 年，国内市场共销售 485 款个人意外险产品。从产品数量来看，短期个人普通意外险产品数量最多，为 437 款；短期学平少儿险产品数量为 40 款，老年意外险产品数量最少，为 8 款。

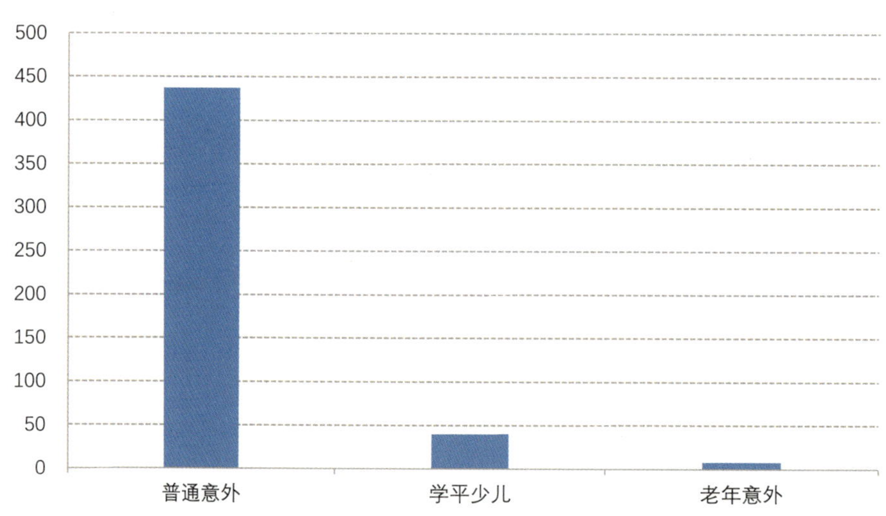

图 3.1.5　2015-2019 年个人意外险产品数量分布图

从保费来看，2015-2019 年间，短期个人普通意外险产品的保费占比最高，基本保持在 70% 以上，在 2017 年最高，为 82.0%；短期学平少儿险产品的保费占比次之，在 2016 年最高，为 30.2%；老年意外险产品的保费占比最低，始终在 1% 以下。

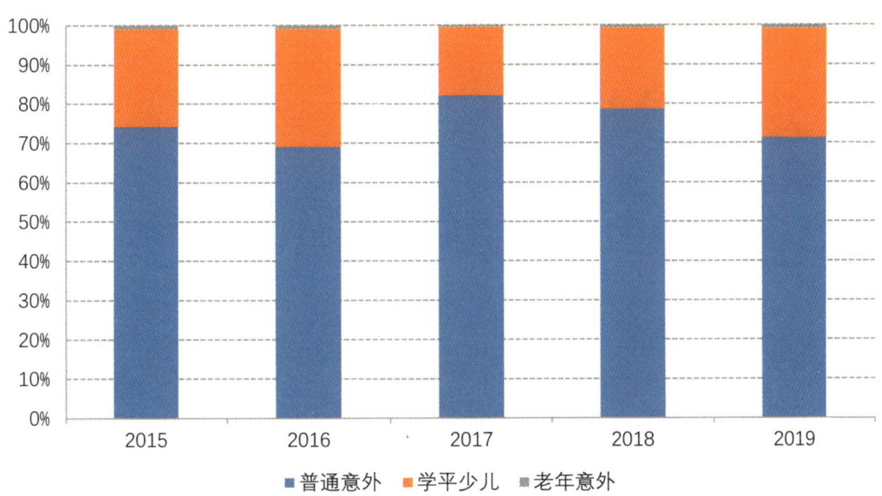

图 3.1.6　2015-2019 年分产品类型个人意外险保费占比图

从赔付金额看，2015-2019 年间，短期个人普通意外险产品的赔付金额占比基本保持在 94.5% 左右；短期学平少儿险产品的赔付金额占比在 4.4% 左右；老年意外险产品的赔付金额占比逐年上升，2019 年最高，为 2.4%。

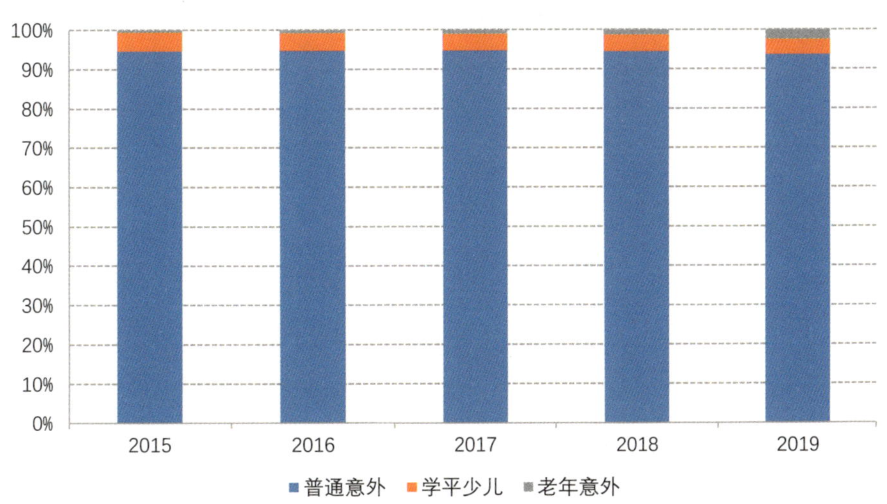

图 3.1.7　2015-2019 年分产品类型个人意外险赔付金额占比图

3.2　承保分析

3.2.1　整体分析

本次编表共收集到2015-2019年投保的短期意外险产品新单132,931万件，其中，普通意外险71,238万件，学平少儿险61,693万件。普通意外险新单件数在2015至2018年呈逐年上升趋势，2019年较2018年略有下降；学平少儿险新单件数整体变化不大。

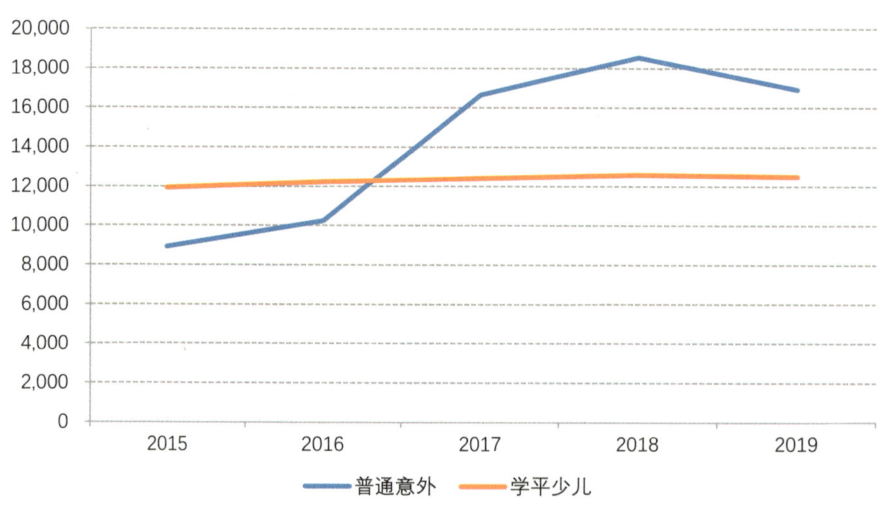

图3.2.1　2015-2019年分产品类型新单件数图（单位：万件）

从分布来看，普通意外险占比整体呈上升趋势，从2015年的42.7%上升至2018年的59.6%，2019年下降至57.5%。

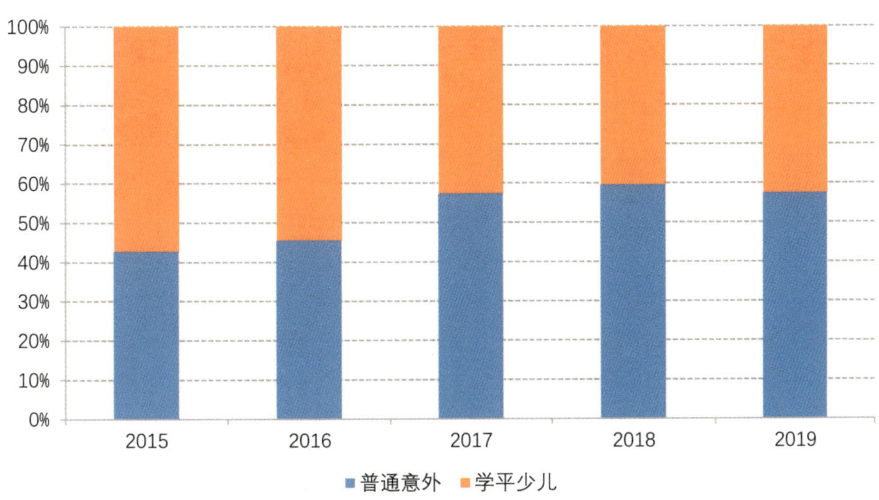

图 3.2.2　2015-2019 年分产品类型新单件数占比图

3.2.2 普通意外险

3.2.2.1　性别

2015-2019 年，普通意外险男性占比均高于女性，呈现先上升后下降的趋势，2017 年男性占比最高，达到 69.0%。

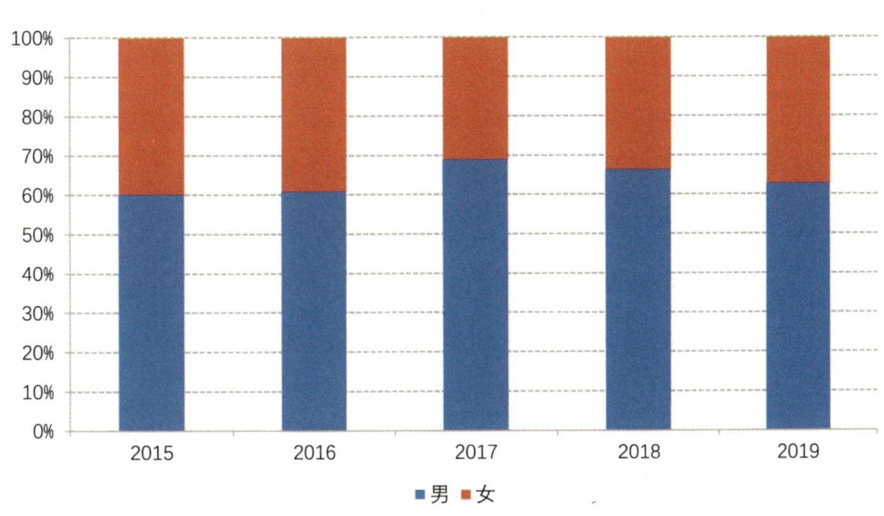

图 3.2.3　2015-2019 年分性别普通意外险新单件数占比图

3.2.2.2 年龄

2015-2019 年，普通意外险新单投保年龄主要集中在 20 -59 岁，该年龄段占比为 80.8%，其中，20-39 岁人群占比先上升后下降，2017 年占比最高，为 55.0%；40-59 岁人群占比先下降后上升，2017 年占比最低，为 27.8%。

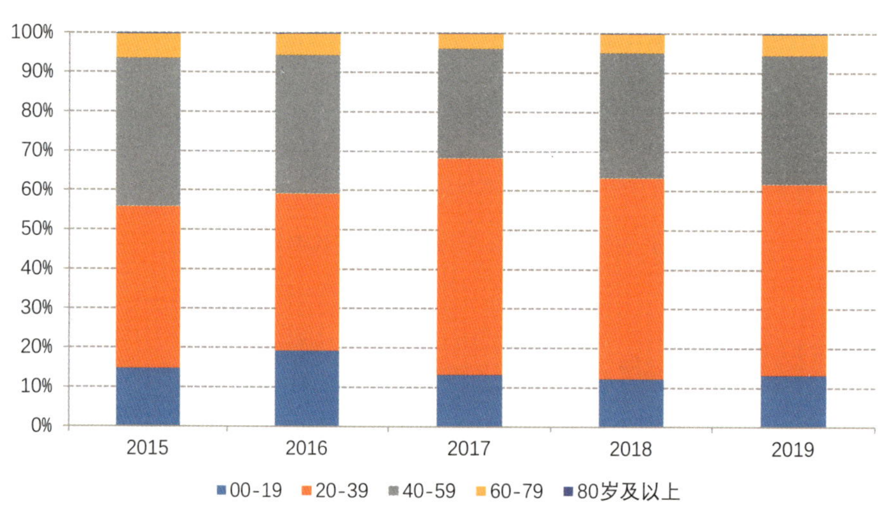

图 3.2.4　2015-2019 年分年龄段普通意外险新单件数占比图

3.2.2.3 保额

2015-2019 年，普通意外险保额在 1 万元以内的新单占比总体呈上升趋势，从 2015 年的 9.8% 上升至 2019 年的 27.3%；保额在 1 万元 -9 万元的新单占比总体呈下降趋势，从 2015 年的 71.6% 下降至 2019 年的 35.0%；保额在 50 万元以上的新单占比除 2019 年占比略有下降外总体呈上升趋势，从 2015 年的 2.5% 上升至 2019 年的 19.8%。另外，在 2017 年和 2018 年，保额在 20 万元以上的新单占比较高，2017 年保额在 20 万元 -49 万元的新单占比最高，为 22.2%，2018 年保额在 50 万元以上的新单占比最高，为 29.2%。

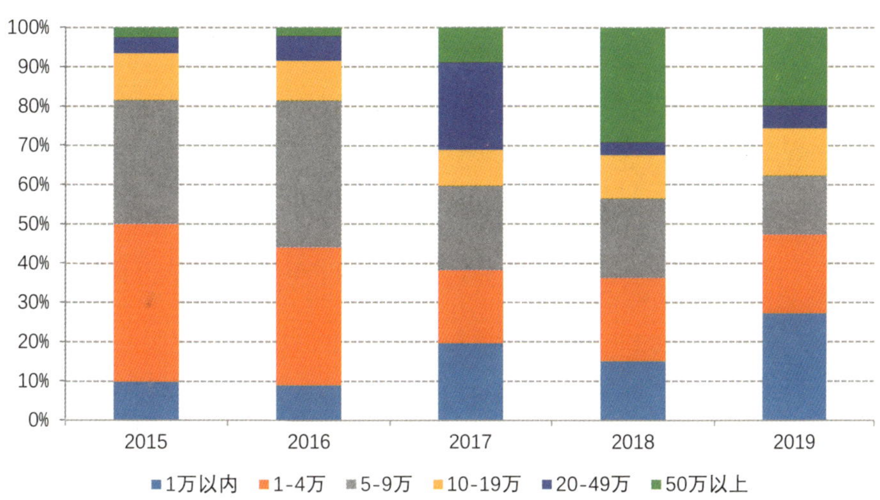

图 3.2.5　2015-2019 年分保额段普通意外险新单件数占比图

3.2.2.4　地区

2015-2019 年，普通意外险在各销售地区分布波动较大。华北地区占比从 2015 年的 23.6% 下降至 2019 的 9.6%；华中地区占从 2015 年的 11.3% 上升至 2018 年的 35.2%，而后又下降至 2019 年的 25.3%；其余地区占比相对稳定。

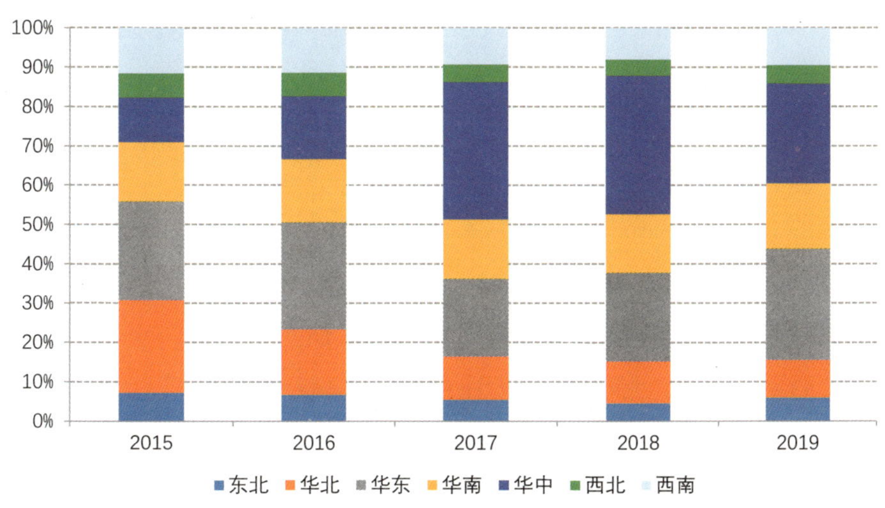

图 3.2.6　2015-2019 年普通意外险分销售地区新单件数占比图

3.2.2.5 职业

2015-2019 年，普通意外险在不同职业等级中占比差异较大。其中，职业等级为 1 级的保单占比最高，总体呈上升趋势，从 2015 年的 61.9% 上升至 2019 年的 68.2%；职业等级为 3 级的保单次之，占比在 15.6%-18.4% 之间；职业等级为 2 级的保单再次之，占比在 12.7%-16.0% 之间；职业等级 4-6 级的保单占比较小，不超过 3.6% 。

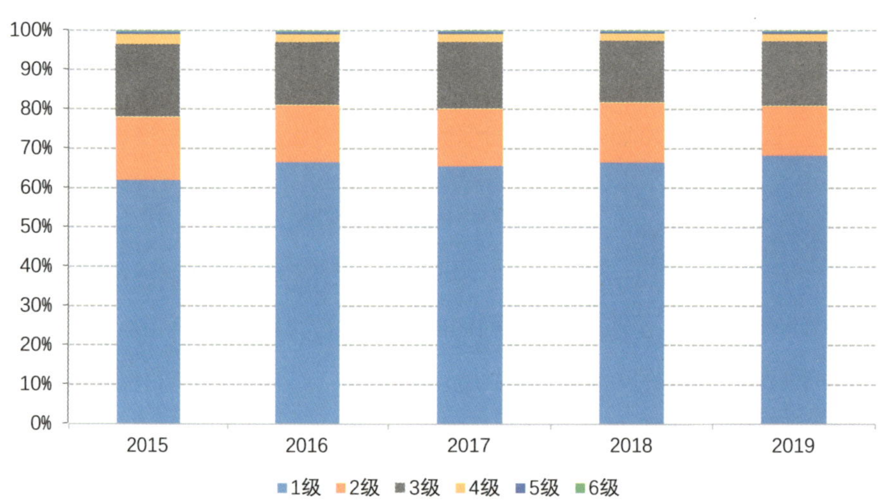

图 3.2.7　2015-2019 年分职业等级普通意外险新单件数占比图

3.2.3

3.2.3.1 性别

2015-2019 年，学平少儿险男性占比略高于女性，各年度性别占比变化不大，男性占比在 53.4%-53.6% 之间，女性占比在 46.4%-46.6% 之间 。

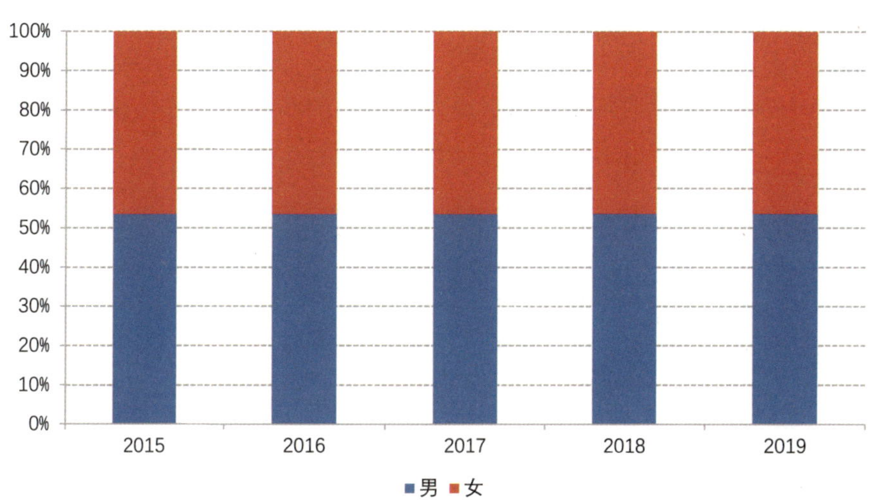

图 3.2.8　2015-2019 年分性别学平少儿险新单件数占比图

3.2.3.2　年龄

2015-2019 年，学平少儿险在各投保年龄段分布较为平稳。6-11 岁年龄段占比最高，在 42.9%-43.5% 之间；12-18 岁年龄段占比次之，在 33.8%-34.5% 之间；0-5 岁年龄段占比最低，在 22.0%-23.2% 之间。

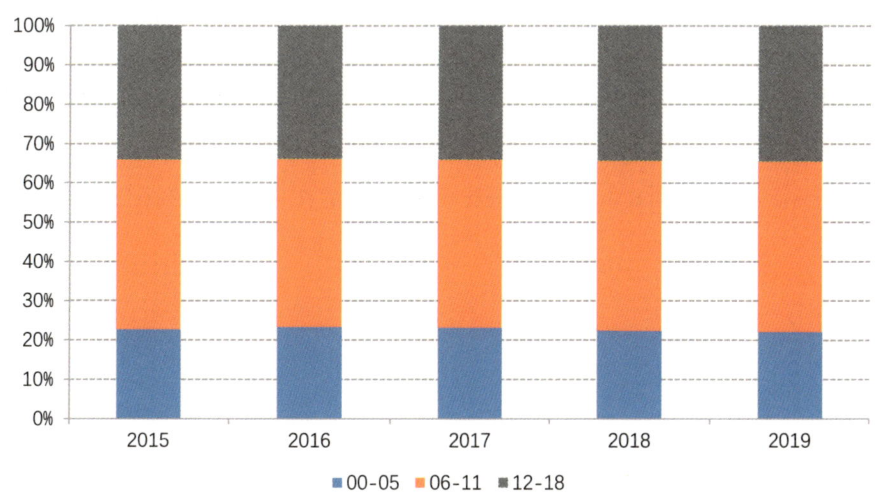

图 3.2.9　2015-2019 年分年龄段学平少儿险新单件数占比图

3.2.3.3 保额

2015-2019 年，学平少儿险保额在 1 万元以内的新单占比总体呈下降趋势，从 2015 年的 27.3% 下降至 2019 年的 8.6%；保额在 1 万元 -9 万元的新单占比总体呈上升趋势，从 2015 年的 71.6% 上升至 2019 年的 84.9%；保额在 10 万元以上的新单占比总体呈上升趋势，从 2015 年的 1.1% 上升至 2019 年的 6.6%。

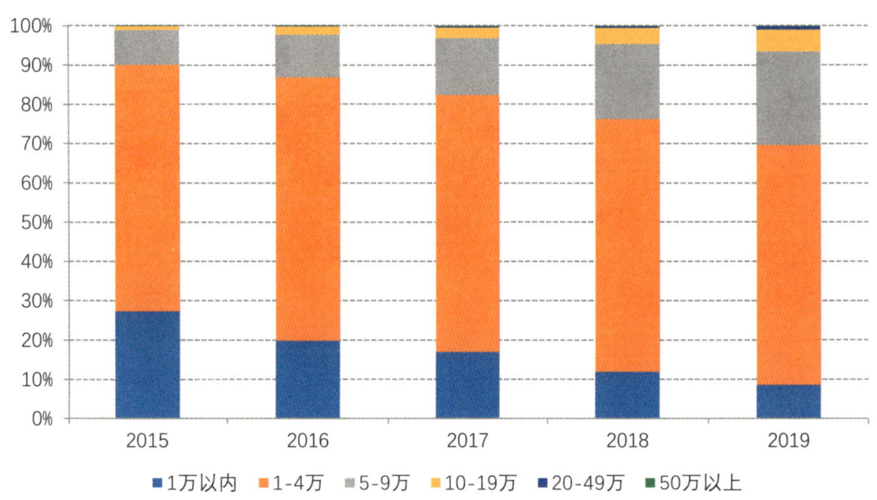

图 3.2.10　2015-2019 年分保额段学平少儿险新单件数占比图

3.2.3.4 地区

2015-2019 年，学平少儿险在各销售地区分布基本稳定。华东地区占比最高，稳定在 26.6%-29.2% 之间；东北地区占比最低，稳定在 4.3%-4.8% 之间。

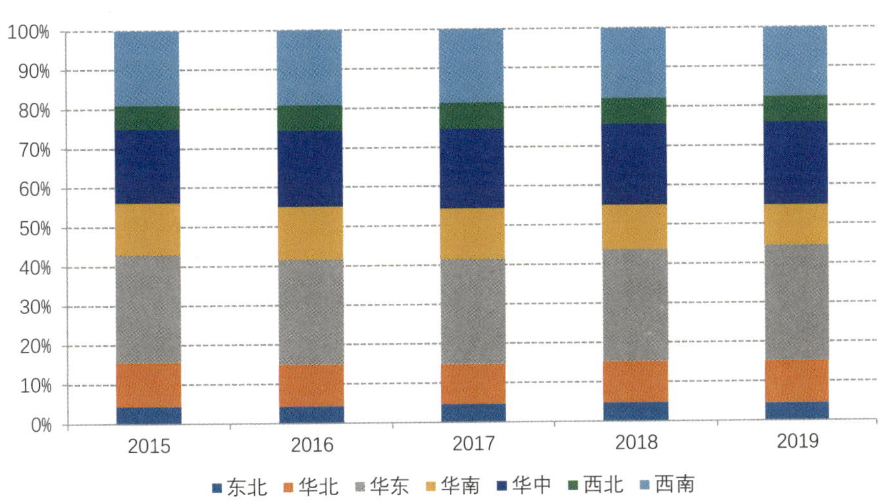

图 3.2.11 2015-2019 年分销售地区学平少儿险新单件数占比图

第4章

赔案分析

4.1　整体分析

赔案分析是意外险发生率表编制工作的重要组成部分，也是此次意外险发生率表编制的重要成果，本章主要针对 2015-2019 年的意外身故、意外伤残赔案进行分析，包括意外身故原因、意外伤残原因、残疾部位分布以及理赔时滞等内容。

此次意外险发生率表编制使用的意外伤残、意外身故赔案共计 28.3 万件，案发时间为 2015 年至 2019 年，产品类型包括普通意外产品和学平少儿产品，其中意外伤残赔案 15.2 万件，意外身故赔案 13.1 万件。

4.1.1　产品类型

分产品类型来看，普通意外产品的意外身故赔案占比[①]低于意外伤残赔案，分别为意外身故 44.2%，意外伤残 55.8%；学平少儿产品中，意外身故赔案占比高于意外伤残，分别为意外身故 63.6%，意外伤残 36.4%。

① 如无特殊说明，本章所指赔案占比均为件数口径的赔案占比。

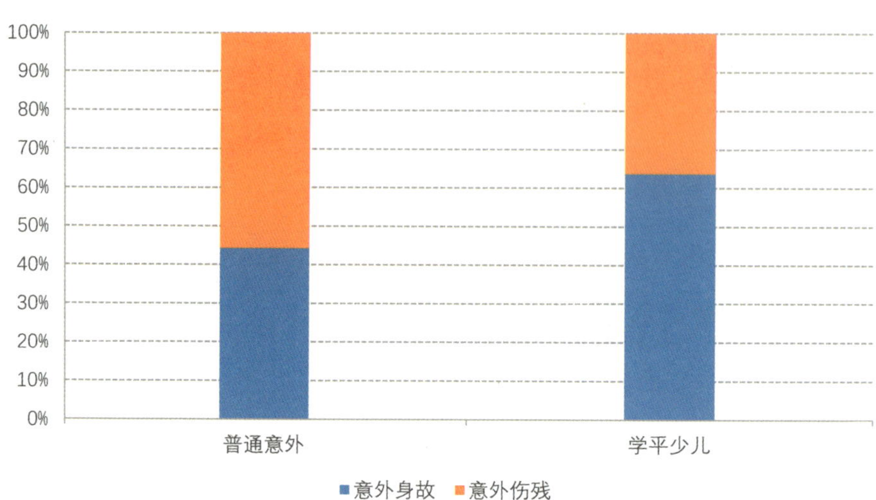

图 4.1.1　2015-2019 年分产品类型赔案占比图

4.1.2 赔付类型

在正常给付的案件中，意外伤残赔案占比为 54.7%，意外身故赔案占比为 45.3%；通融给付是保险公司理赔业务环节中常见的实务操作，在通融给付的案件中，意外伤残赔案占比为 47.2%，意外身故赔案占比为 52.8%。

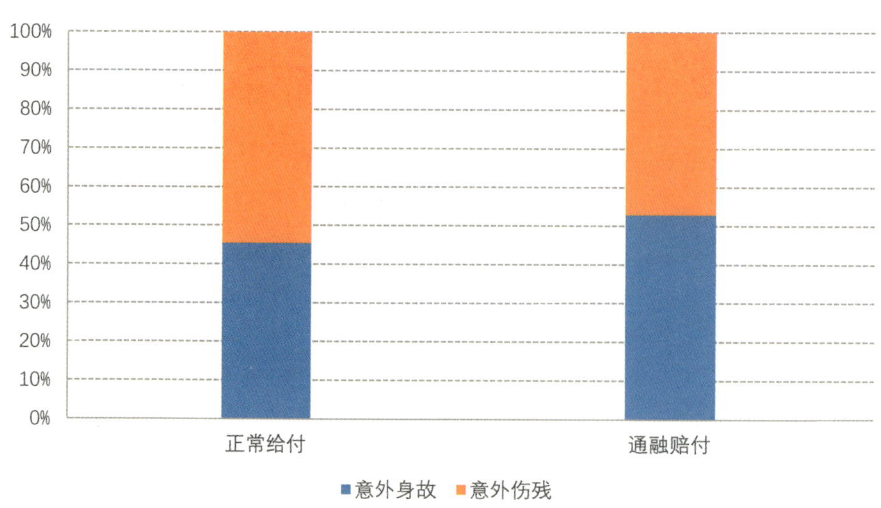

图 4.1.2　2015-2019 年分赔付类型赔案占比图

4.1.3 会计年度

2015-2019 年，意外身故和意外伤残赔案分布整体稳定，意外伤残赔案占比略有上升；除 2015 年外，2016-2019 年意外伤残赔案占比均高于意外身故。

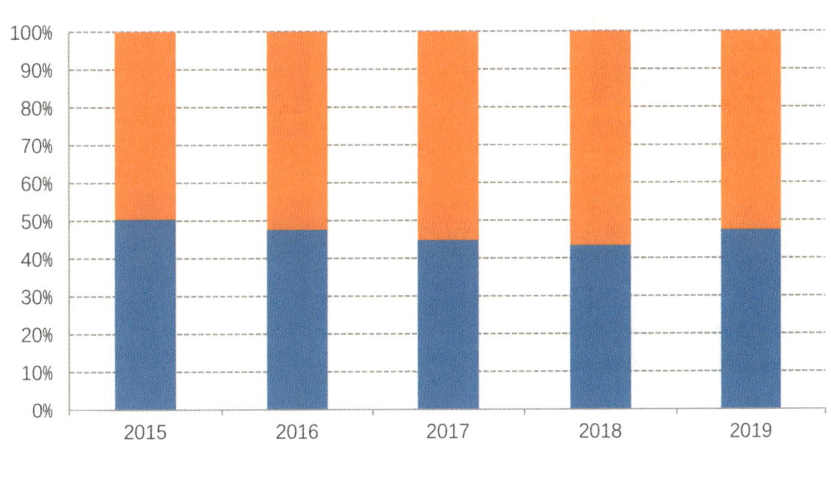

图 4.1.3　2015-2019 年分会计年度赔案占比图

4.1.4 伤残等级分布

意外伤残赔案主要集中在较低的伤残程度。男性意外伤残赔案中，8-10 级赔案占比为 82.2%，其中 10 级占比为 44.7%，9 级占比为 24.3%，8 级占比为 13.2%；女性意外伤残赔案中，8-10 级赔案占比为 86.3%，其中 10 级占比为 52.3%，9 级占比为 21.4%，8 级占比为 12.6%。

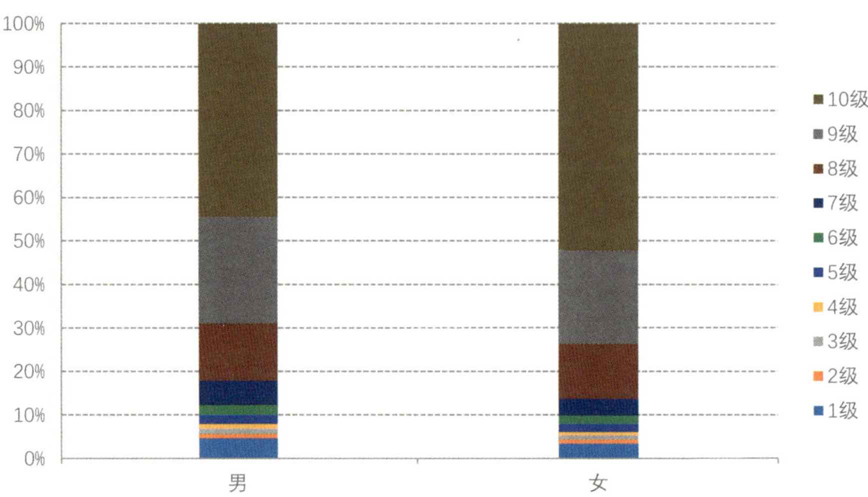

图 4.1.4　2015-2019 年分性别伤残等级占比图

4.1.5　伤残平均给付比例

2015-2019 年，意外伤残赔案的平均给付比例呈明显的下降趋势。男性意外伤残平均给付比例在 2015 年为 29.1%，2019 年下降至 22.3%；女性意外伤残平均给付比例在 2015 年为 26.4%，2019 年下降至 19.7%。

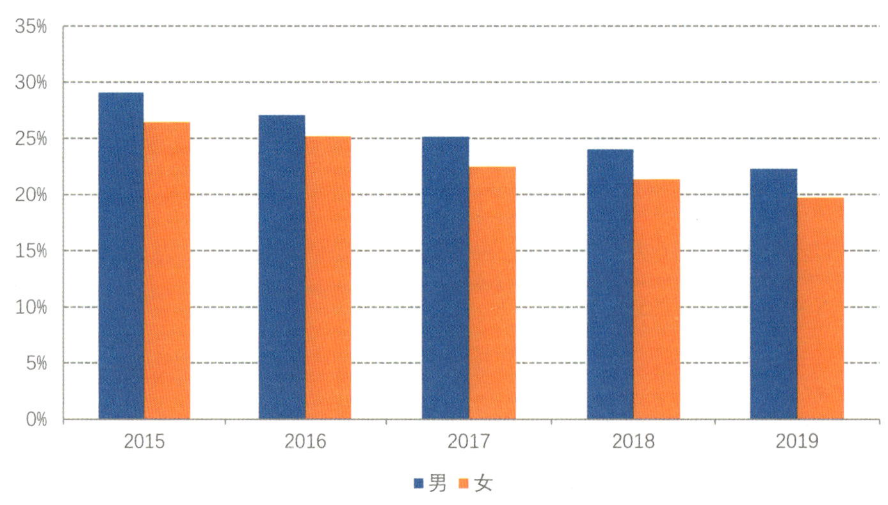

图 4.1.5　2015-2019 年分会计年度意外伤残平均给付比例图

4.2　意外身故原因分析

本节主要从年龄、地区、职业等维度上，对意外身故原因进行分析，赔案数据范围为 2015-2019 年普通意外产品的意外身故赔案，故意自害和无法定位到事故原因的赔案不纳入此节的分析范围。

4.2.1　整体情况分析

意外身故赔案中，交通意外身故赔案占比为 42.6%，普通意外身故赔案占比为 57.4%。男性普通意外身故赔案占比高于女性，为 58.9%，女性为 51.1%。

表 4.2.1　2015-2019 年分事故原因大类意外身故赔案占比表

意外身故原因	男	女	合计
交通意外	41.1%	48.9%	42.6%
普通意外	58.9%	51.1%	57.4%
总计	100.0%	100.0%	100.0%

男性普通意外身故赔案中，跌倒坠落、无生命机械力量和溺水的赔案占比最高，其中跌倒坠落的占比为 40.7%，无生命机械力量的占比为 16.3%，溺水的占比为 13.2%。

女性普通意外身故赔案中，跌倒坠落、溺水和中毒的赔案占比最高，其中跌倒坠落的占比为 38.5%，溺水的占比为 18.3%，中毒的占比为 10.1%。

表 4.2.2　2015-2019 年分性别普通意外身故原因占比表

普通意外身故原因	男	女	总计
跌倒坠落	40.7%	38.5%	40.4%
无生命机械力量	16.3%	9.8%	15.2%
溺水	13.2%	18.3%	14.1%
电流、辐射和极度环境气温	7.5%	1.8%	6.5%
中毒	5.7%	10.1%	6.4%
故意加害	2.3%	7.1%	3.1%
火烧爆炸	2.3%	3.0%	2.4%
窒息	2.0%	2.4%	2.1%
异常自然环境	1.4%	1.0%	1.3%
有生命机械力量	0.9%	0.4%	1.0%
烫伤	0.4%	1.3%	0.4%
动植物中毒	0.3%	0.5%	0.3%
生命支持不足	0.2%	0.2%	0.2%
医疗意外	0.2%	0.5%	0.2%
其他	6.7%	5.2%	6.5%
总计	100.0%	100.0%	100.0%

男性交通意外身故赔案中，行人交通意外身故的赔案占比最高，为 21.0%；其次为驾乘轿车意外身故的赔案占比，为 19.1%；驾乘自行车和摩托车意外身故的赔案占比分列三、四位，分别为 14.5%、13.0%。

女性交通意外身故赔案中，行人交通意外身故的赔案占比最高，为 27.4%；其次为自行车，为 22.6%；驾乘轿车和摩托车意外身故的赔案占比分列三、四位，分别为 17.2% 和 8.9%。

表 4.2.3　2015-2019 年分性别交通意外身故原因占比表

交通意外身故原因	男	女	总计
行人	21.0%	27.4%	22.3%
轿车	19.1%	17.2%	18.7%
自行车	14.5%	22.6%	16.3%
摩托车	13.0%	8.9%	12.1%
公交客车	1.8%	1.8%	1.8%
三轮车	5.5%	6.1%	5.6%
重型运输车	5.3%	1.0%	4.4%
轻型货车	5.0%	1.8%	4.3%
其他陆地运输	2.8%	2.5%	2.8%
轮船	0.4%	0.2%	0.3%
航空航天	0.1%	0.0%	0.0%
其他	11.7%	10.2%	11.4%
总计	100.0%	100.0%	100.0%

4.2.2 分年龄意外身故原因分析

本小节主要分析不同年龄段人群的意外身故原因。

在意外身故赔案中，随着年龄的增长，交通意外身故的赔案占比呈现先上升再下降的趋势；在 20 岁以下和 70 岁以上年龄段，交通意外身故的赔案占比明显低于其他年龄段。

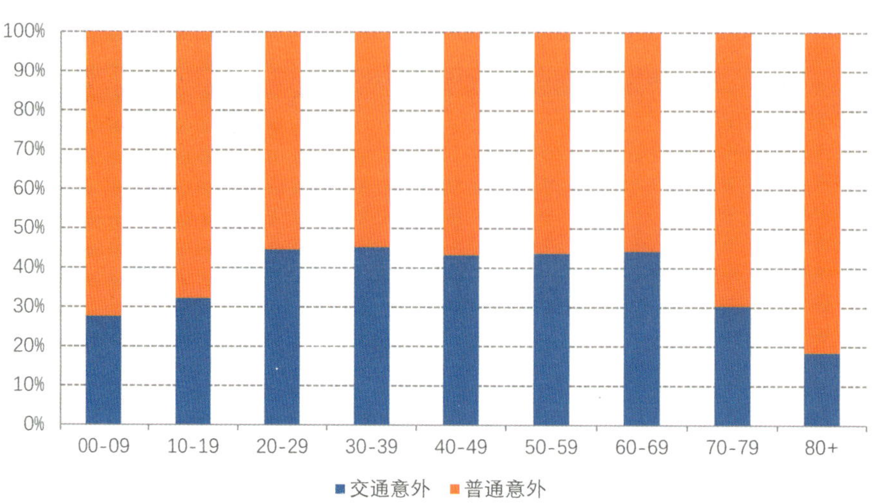

图 4.2.1　2015-2019 年分年龄段意外身故原因大类占比图

4.2.2.1　普通意外

在普通意外身故赔案中，不同年龄段的主要意外事故原因有明显不同。

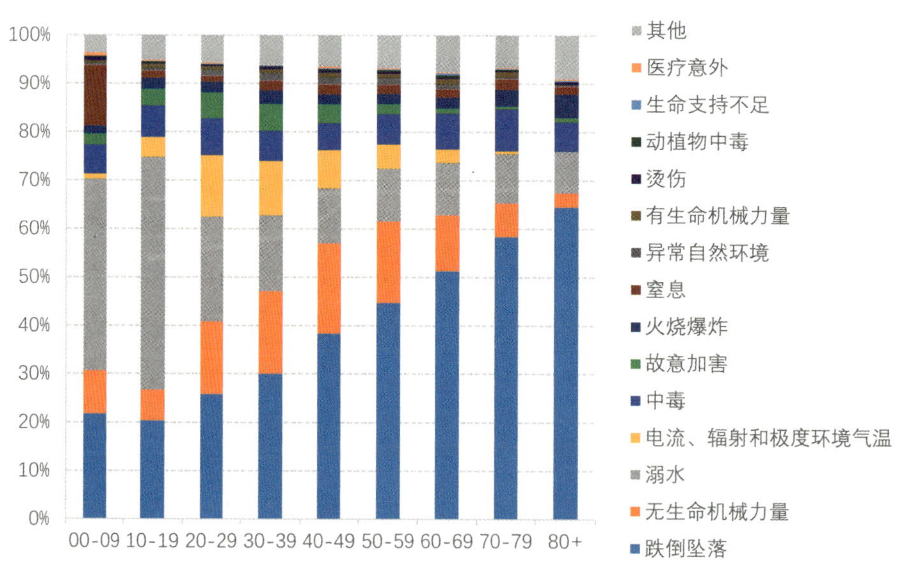

图 4.2.2　2015-2019 年分年龄段普通意外身故原因占比图

在 20 岁以下年龄段，溺水导致意外身故的赔案占比最高，其中 0-9 岁人群，溺

水的赔案占比为 39.7%，10-19 岁人群为 48.0%；窒息导致意外身故的赔案占比在少儿段同样较高，在 10 岁以下人群中，该占比为 12.4%。

跌倒坠落的赔案占比随年龄的上升呈现明显的上升趋势，在 60 岁以上年龄段，跌倒坠落造成的赔案占比超过 50%，是造成普通意外身故的最主要原因。

无生命机械力量导致意外身故的赔案在青壮年时期的赔案占比高于少儿段和老年段，40-49 岁最高，达到 18.5%。

4.2.2.2　交通意外

在交通意外身故赔案中，行人交通意外事故的赔案占比在少儿段和老年段较高；自行车事故的赔案占比在年龄上呈现出类似的趋势，在 60-69 岁最高，为 24.7%；驾乘轿车意外身故的赔案占比在 20-29 岁和 30-39 岁最高，分别为 31.2% 和 29.5%；驾乘轻型货车和重型运输车意外身故的赔案占比在 20-49 岁高于其他年龄段。摩托车意外身故的赔案占比在 10-19 岁高于其他年龄段。

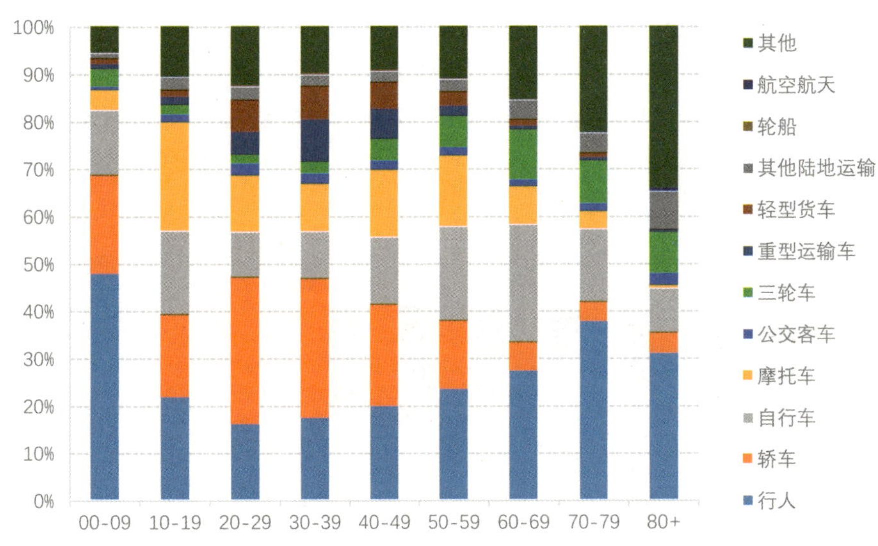

图 4.2.3　2015-2019 年分年龄段交通意外身故原因占比图

4.2.3 分地区意外身故原因分析

这一小节主要分析意外身故原因在地区间的差异。分大类来看，交通意外身故赔案占比在华南地区最低，为 35.4%，其次为西南地区，为 38.8%。

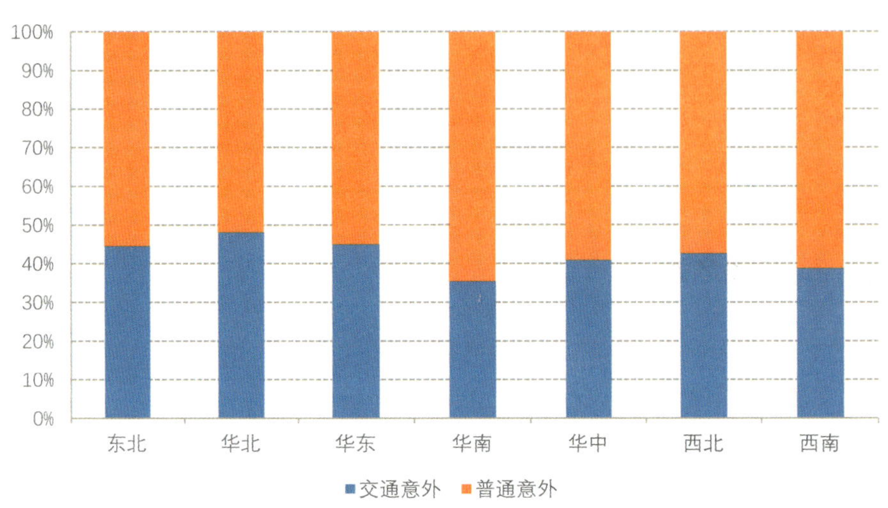

图 4.2.4　2015-2019 年分地区意外身故原因大类占比图

4.2.3.1　普通意外

在普通意外身故赔案中，溺水、中毒、跌倒坠落的赔案占比在不同地区有明显差异。

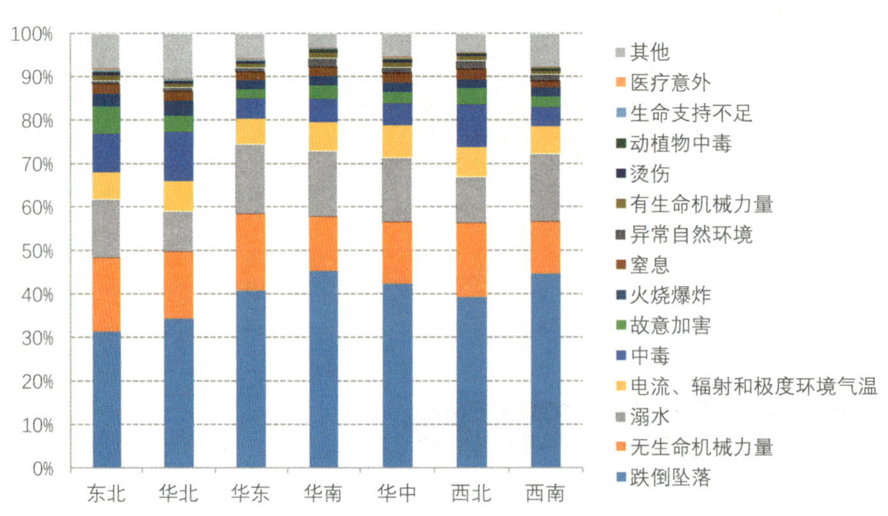

图 4.2.5　2015-2019 年分地区普通意外身故原因占比图

南方地区水系丰富，溺水的占比相对于北方地区较高，其中，华东地区最高，为 16.0%，其次为西南和华南，分别为 15.6% 和 15.2%；北方地区冬季寒冷漫长，中毒的赔案占比相对较高，在东北、西北、华北地区，中毒导致意外身故的赔案占比均高于其他地区，分别为 8.8%、9.8%、11.3%；跌倒坠落的赔案占比在华南地区最高，为 45.3%，其次为西南和华中，分别为 44.6% 和 42.4%。

4.2.3.2 交通意外

受不同地区人群出行方式的影响，分地区的事故原因分布呈现出一定的差异。

行人交通意外身故的赔案占比在华中地区最高，为 27.0%，其次为华南、西北和西南地区，均为 25.3%；驾乘轿车意外身故的赔案占比在西北地区最高，为 24.1%，其次为西南和华中地区，分别为 20.4% 和 19.7%；自行车意外身故的赔案占比在华东地区最高，为 22.8%，在东北和西南地区最低，分别为 8.1% 和 11.5%。

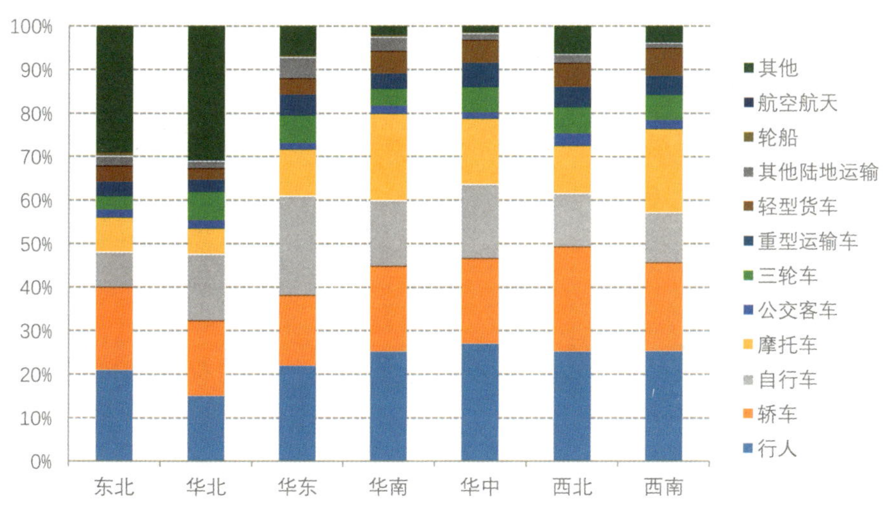

图 4.2.6 2015–2019 年分地区交通意外身故原因占比图

4.2.4 分职业意外身故原因分析

这一小节主要分析不同职业人群的意外身故原因。分析范围为 18 岁以上的意外身故赔案，其中 74.2% 的赔案有准确记录的职业类别，共计 8 万件，其余 25.8% 无法区分职业类别的赔案不纳入此小节的分析范围。

意外身故赔案的职业类别主要集中在一般职业人员、农牧渔业人员、自由职业者和无业人员、一般商业人员、交通运输业人员、建筑工程业人员、制造业人员和金融与服务业人员，其余职业由于赔案数较少，不作为此次分析的重点。

表 4.2.4　2015-2019 年分职业大类意外身故赔案占比表

职业类别	赔案占比
一般职业人员	34.2%
农牧渔业人员	16.7%
自由职业者和无业人员	6.4%
一般商业人员	6.2%
交通运输业人员	2.6%
建筑工程业人员	2.1%
制造业人员	2.1%
金融与服务业人员	1.5%
文教行业人员	0.6%
公共事业人员	0.4%
餐饮业人员	0.3%
木材森林业人员	0.3%
司法治安人员	0.2%
地质矿产业人员	0.1%
金融与服务业	0.1%
卫生保健业人员	0.1%
新闻出版广告业人员	0.1%
文化娱乐业人员	0.1%
计算机与互联网业人员	0.03%
体育专业人员	0.02%
军人	0.02%
无法区分	25.8%
总计	100.0%

交通运输业人员交通意外身故赔案占比高于其他职业，为 56.1%；建筑工程业人员普通意外身故赔案占比高于其他职业，为 69.2%，其次为农牧渔业人员，普通意外身故赔案占比为 58.3%。

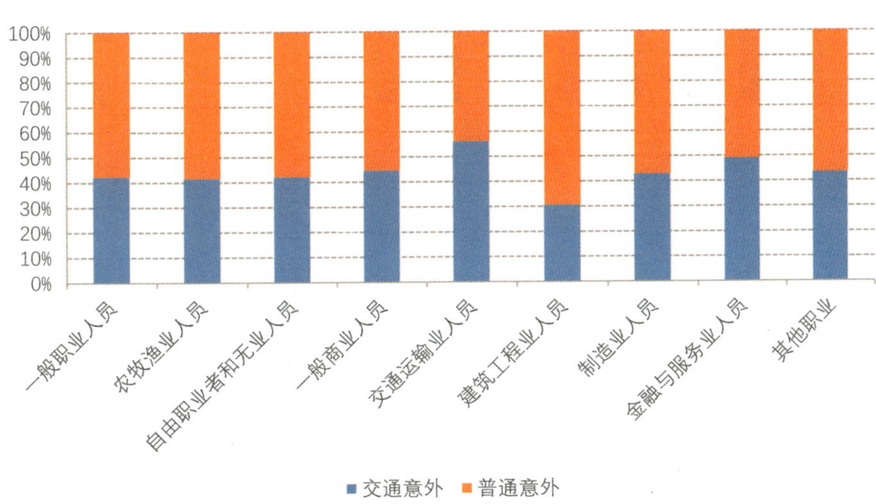

图 4.2.7 2015-2019 年分职业意外事故原因大类占比图

4.2.4.1 普通意外

普通意外身故赔案中，跌倒坠落和无生命机械力量赔案占比在不同职业间有较大的差异。建筑工程业人员跌倒坠落赔案占比高于其他职业，为 53.2%；无生命机械力量赔案占比在制造业人员中最高，为 23.5%，其次为建筑工程业人员和交通运输业人员，分别为 19.4% 和 18.2%。

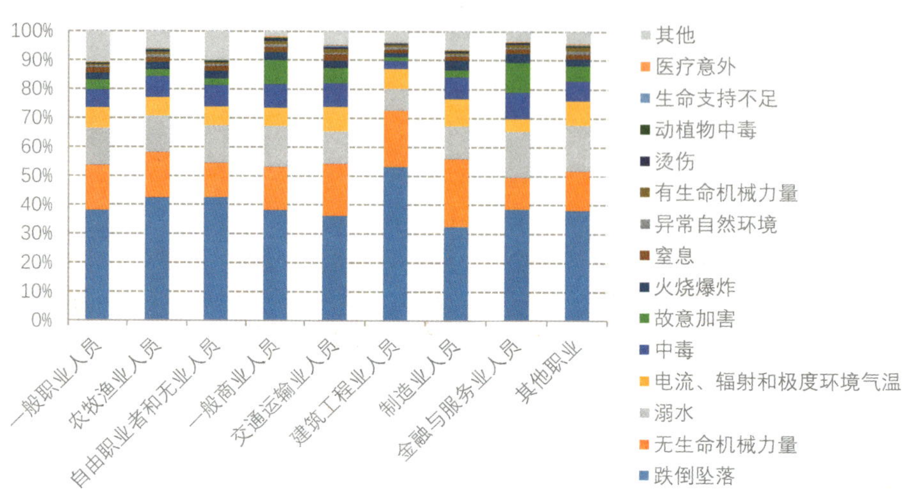

图 4.2.8 2015-2019 年分职业普通意外身故原因占比图

4.2.4.2 交通意外

在交通意外身故赔案中，驾乘轿车意外身故赔案占比在自由职业和无业人员中最低，仅为 10.9%；在金融与服务业人员中最高，为 32.6%，其次为一般商业人员和交通运输业人员，驾乘轿车意外身故赔案占比分别为 29.0% 和 27.5%。轻型货车和重型运输车赔案占比在交通运输业人员中远高于非交通运输业人员，分别为 12.7%

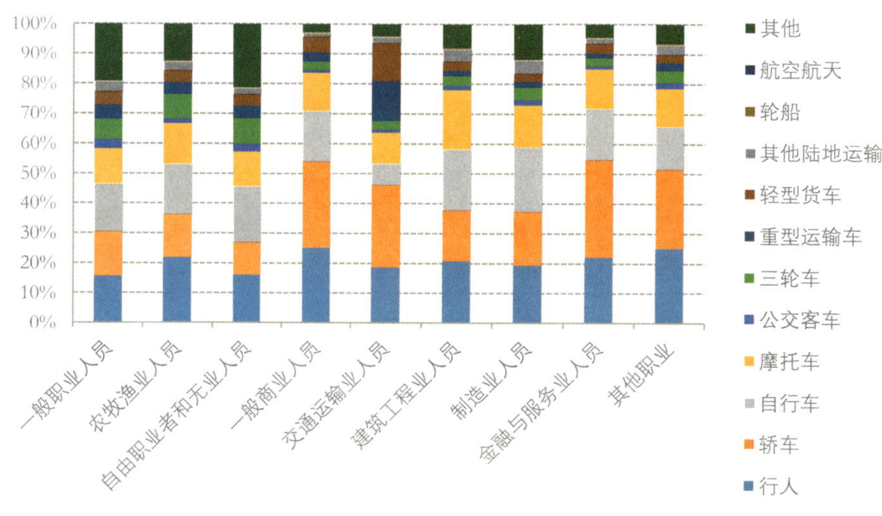

图 4.2.9 2015-2019 年分职业交通意外身故原因占比图

和 13.5%，而在非交通运输业人员中，轻型货车和重型运输车的赔案占比均低于 5.5%。

4.2.5 意外身故原因月度分析

由于意外事故受到社会、经济、自然环境、季节等外界因素的影响，不同事故原因导致的意外身故赔案在一年中并不是均匀分布的，中毒、溺水导致意外身故呈现出明显的季节特征。

在 11 月至次年 2 月，受到冬季取暖的影响，中毒导致意外身故的赔案占比明显高于其他月份。

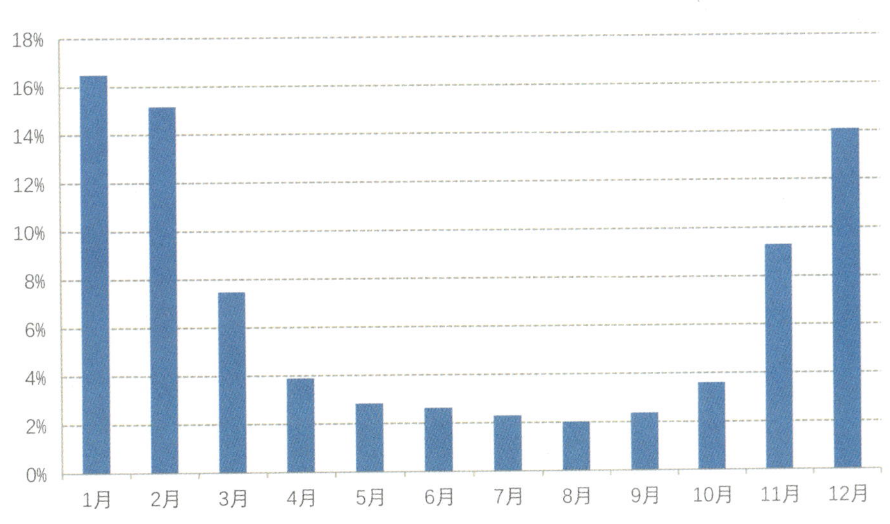

图 4.2.10　2015-2019 年分自然月中毒意外身故赔案占比图

在夏季，由于水上活动增加，溺水导致的意外身故赔案占比相对其他季节更高，尤其在 7 月和 8 月，溺水导致的意外身故赔案为一年中最高，占比分别为 22.9%、23.1%。

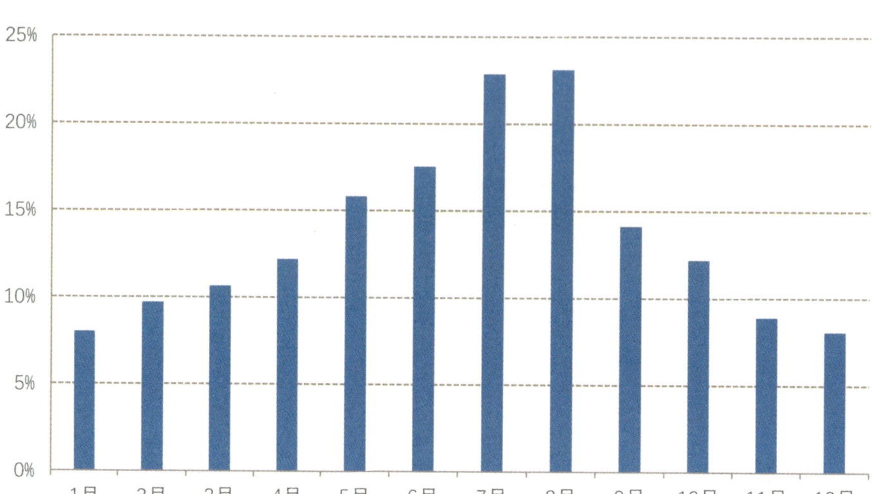

图 4.2.11　2015-2019 年分自然月溺水意外身故赔案占比图

4.3 意外伤残原因分析

本节主要从年龄、地区、职业等维度上，对意外伤残原因进行分析，赔案数据范围为 2015-2019 年普通意外的意外伤残赔案，故意自害和无法定位到事故原因的赔案不纳入此节的分析范围。

4.3.1 整体情况分析

意外伤残赔案中，交通意外事故赔案占比为 33.0%，普通意外事故占比为 67.0%。分性别来看，男性普通意外伤残赔案占比高于女性，占比为 69.7%，女性为 57.9%；女性交通意外伤残赔案占比高于男性，占比为 42.1%，男性为 30.3%。

表 4.3.1　2015-2019 年分事故原因大类意外伤残赔案占比表

意外伤残原因	男	女	混合
交通意外	30.3%	42.1%	33.0%
普通意外	69.7%	57.9%	67.0%
总计	100.0%	100.0%	100.0%

普通意外伤残赔案中，跌倒坠落赔案占比最高，分别为男性 48.7%，女性 58.9%；无生命机械力量赔案占比次之，为男性 35.7%，女性 29.0%。

表 4.3.2　2015-2019 年分性别普通意外伤残原因占比表

普通意外伤残原因	男	女	混合
跌倒坠落	48.7%	58.9%	50.7%
无生命机械力量	35.7%	29.0%	34.4%
火烧爆炸	2.0%	1.7%	2.0%
烫伤	1.2%	1.6%	1.3%
故意加害	1.0%	0.8%	1.0%
异常自然环境	1.0%	0.5%	0.9%
有生命机械力量	0.8%	0.8%	0.8%
电流、辐射和极度环境气温	0.9%	0.2%	0.8%
中毒	0.3%	0.4%	0.3%
窒息	0.2%	0.1%	0.2%
溺水	0.1%	0.1%	0.1%
医疗意外	0.1%	0.1%	0.1%
动植物中毒	0.1%	0.1%	0.1%
生命支持不足	0.0%	0.0%	0.0%
其他	7.9%	5.6%	7.4%
总计	100.0%	100.0%	100.0%

女性交通意外伤残赔案中，占比最高的为自行车交通意外，赔案占比为 33.4%，其次为行人交通意外和轿车交通意外，占比分别为 23.3% 和 17.5%。

男性交通意外伤残赔案中，占比最高的为自行车交通意外，赔案占比为 24.4%，其次为轿车交通意外和行人交通意外，占比分别为 18.5% 和 18.3%，男性摩托车意外赔案占比也较高，占比为 17.3%。

表 4.3.3　2015-2019 年分性别交通意外伤残原因占比表

交通意外伤残原因	男	女	混合
行人	18.3%	23.3%	19.8%
自行车	24.4%	33.4%	27.0%
轿车	18.5%	17.5%	18.2%
摩托车	17.3%	9.6%	15.1%

续表

交通意外伤残原因	男	女	混合
公交客车	1.6%	2.1%	1.7%
三轮车	3.5%	3.7%	3.5%
重型运输车	3.1%	0.5%	2.3%
轻型货车	3.6%	1.0%	2.8%
其他陆地运输	1.9%	2.1%	2.0%
轮船	0.1%	0.1%	0.1%
航空航天	0.0%	0.0%	0.0%
其他	7.6%	6.6%	7.3%
总计	100.0%	100.0%	100.0%

4.3.2 分年龄意外伤残原因分析

本小节主要分析不同年龄段人群的意外伤残原因。

意外伤残赔案中，交通意外赔案占比在 0-9 岁和 70 岁以上年龄段低于其他年龄段；10-19 岁和 60-69 岁交通意外赔案占比略高，分别为 36.8%、37.5%；在其他年龄段，赔案占比相对稳定，交通意外占比约为 33%，普通意外占比约为 67%。

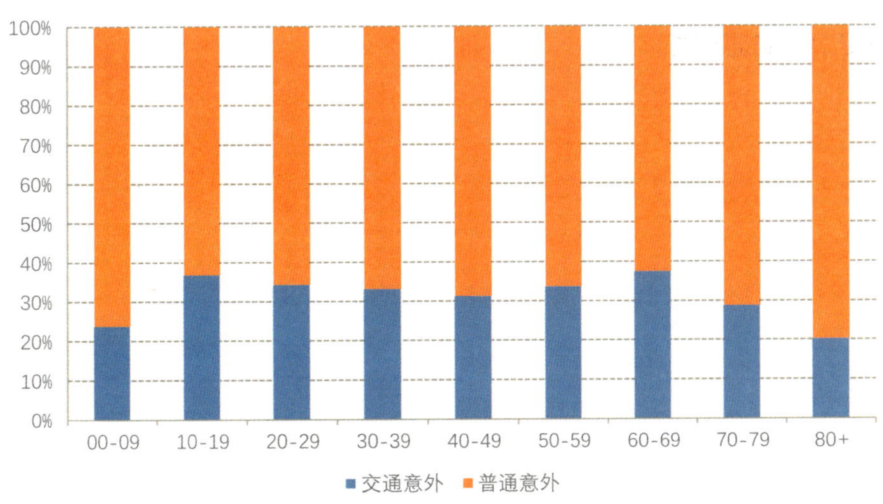

图 4.3.1　2015-2019 年分年龄段意外伤残原因大类占比图

4.3.2.1 普通意外

在普通意外伤残赔案中，不同年龄段的意外事故原因分布有一定差异。

10 岁以下烫伤导致意外伤残的赔案占比明显高于其他年龄段，达到 20.6%；在 20 岁以上的意外伤残赔案中，跌倒坠落的赔案占比随着年龄的上升呈现明显的上升趋势，在 80 岁以上赔案中，这一占比达到 87.4%；无生命机械力量的赔案占比随年龄的上升呈现先上升后下降的趋势，在 20-29 岁最高，达到 44.2%。

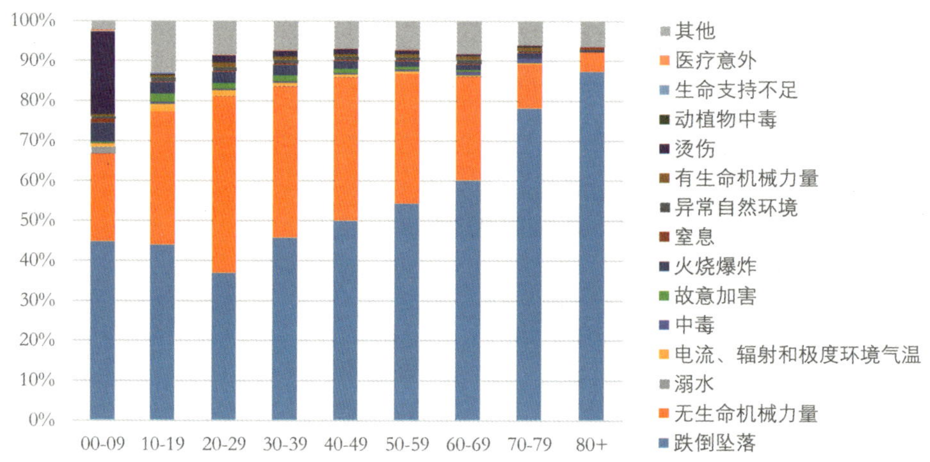

图 4.3.2 2015-2019 年分年龄段普通意外伤残原因占比图

4.3.2.2 交通意外

在交通意外伤残赔案中，行人交通意外伤残赔案占比在 10 岁以下最高，达到 55.5%；自行车意外伤残赔案占比在 10-19 岁、50-59 岁和 60-69 岁年龄段较其他年龄段更高，分别为 30.7%、30.1% 和 32.3%；驾乘重型运输车和轻型货车导致意外伤残的赔案占比在 30-39 岁高于其他年龄段，分别为 5.1%、4.4%。

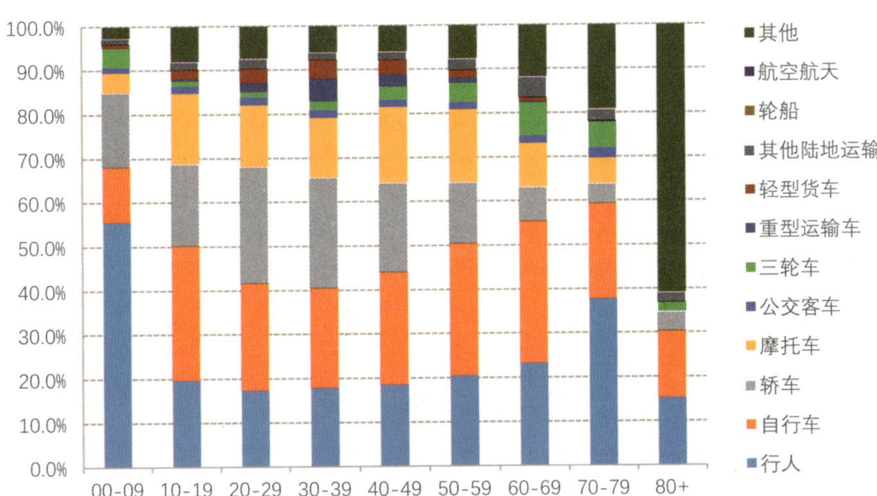

图 4.3.3　2015-2019 年分年龄段交通意外伤残原因占比图

4.3.3 分地区意外伤残原因分析

这一小节主要分析意外伤残原因在地域分布上的特点。

意外伤残原因在地域分布上较为稳定，华南和东北地区交通意外占比略低于全国平均水平。

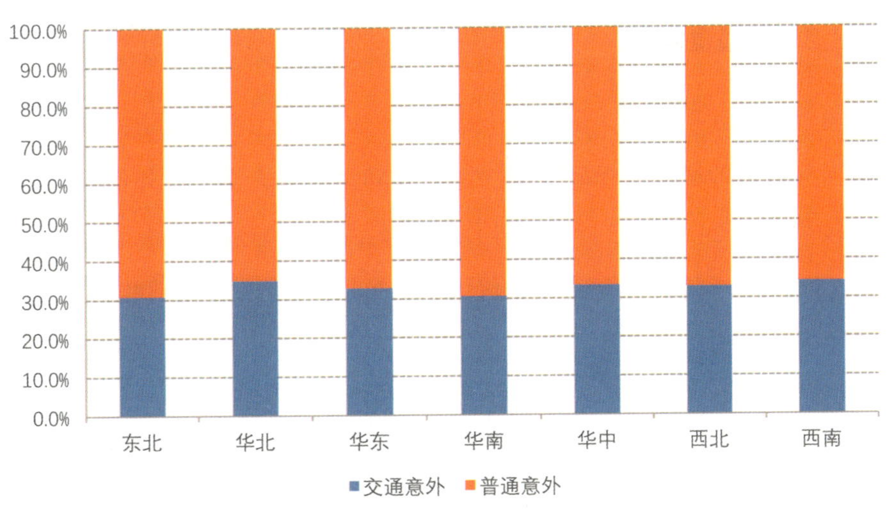

图 4.3.4　2015-2019 年分地区意外伤残原因大类占比图

4.3.3.1 普通意外

整体上，各个地区普通意外身故原因的分布较为稳定，占比最高的意外事故原因均为跌倒坠落和无生命机械力量。其中跌倒坠落导致意外伤残的赔案占比在华中地区最高，为 55.2%；无生命机械力量导致意外伤残的赔案占比在华南和西北地区相较于其他地区更高，分别为 38.0% 和 37.8%。

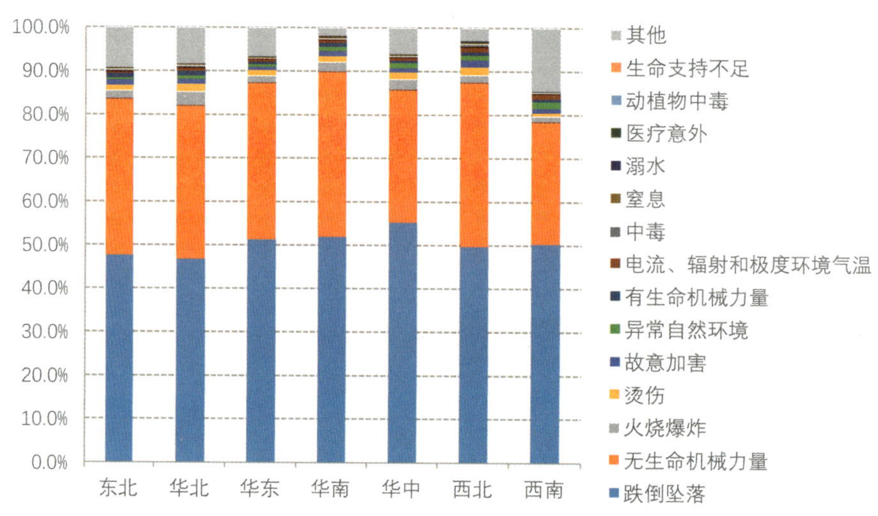

图 4.3.5　2015-2019 年分地区普通意外伤残原因占比图

4.3.3.2 交通意外

在交通意外伤残赔案中，由于各个地区人群的出行习惯有一定的差异，交通意外伤残原因分布在地域上同样呈现出一定的差异化。行人交通意外伤残赔案占比在西北地区较高，为 24.1%；自行车意外伤残赔案占比在华东、华中地区较高，分别为 34.6%、30.3%，在东北地区最低，仅为 16.3%；摩托车意外伤残赔案占比在华南、西南地区最高，分别为 25.7%、24.4%。

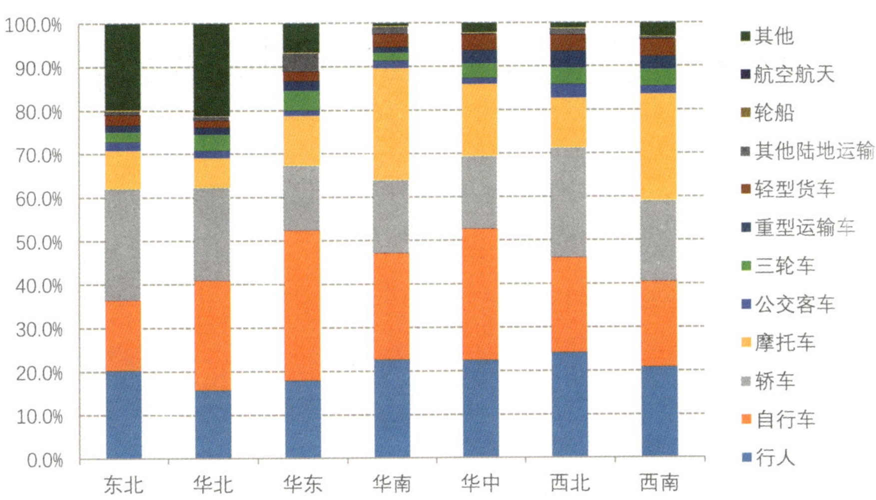

图 4.3.6　2015-2019 年分地区交通意外伤残原因占比图

4.3.4 分职业意外伤残原因分析

这一小节主要分析不同职业人群的意外伤残原因，分析范围为 18 岁以上的意外伤残的赔案，其中 78% 的赔案有记录准确的职业类别，共计 10.7 万件，余下 22.1% 无法区分职业类别的赔案不纳入此小节的分析。

意外伤残赔案的职业类型主要集中在一般职业人员、农牧渔业人员、一般商业人员、制造业人员、交通运输业人员、建筑工程业人员和金融与服务业人员，其余各职业类别赔案占比低于 1%，不作为此次分析的重点。

表 4.3.4　2015-2019 年分职业大类意外伤残赔案占比表

职业类别	赔案占比
一般职业人员	34.1%
农牧渔业人员	12.0%
一般商业人员	10.7%
自由职业者和无业人员	5.6%
制造业人员	3.6%

续表

职业类别	赔案占比
交通运输业人员	3.3%
建筑工程业人员	3.1%
金融与服务业人员	2.8%
木材森林业人员	0.6%
公共事业人员	0.5%
文教行业人员	0.5%
餐饮业人员	0.3%
卫生保健业人员	0.2%
司法治安人员	0.2%
地质矿产业人员	0.1%
金融与服务业	0.1%
新闻出版广告业人员	0.1%
文化娱乐业人员	0.1%
计算机与互联网业人员	0.1%
军人	0.0%
体育专业人员	0.0%
无法区分	22.1%
总计	100.0%

意外事故受外部环境的影响，不同职业类别的意外事故原因分布呈现出一定的差异，交通运输业人员和金融与服务业人员交通意外伤残赔案占比高于其他职业，分别为 37.1% 和 43.0%。

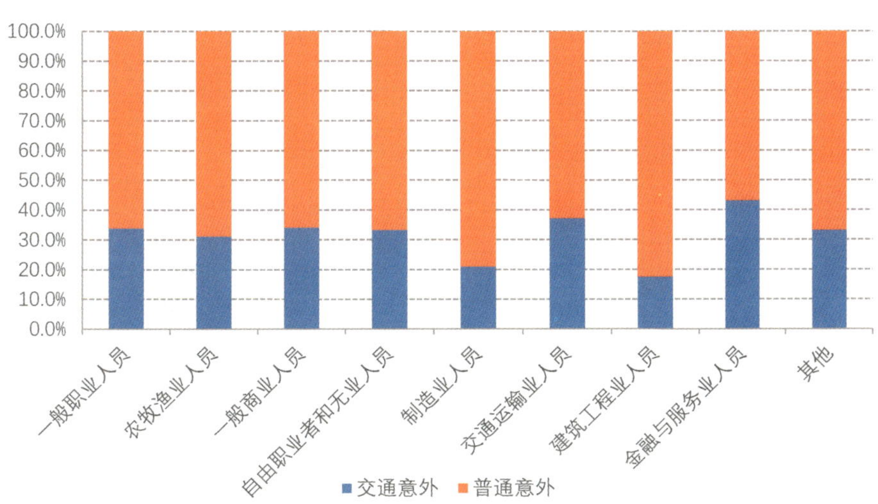

图 4.3.7　2015-2019 年分职业意外伤残原因大类占比图

4.3.4.1　普通意外

普通意外伤残赔案中，无生命机械力量和跌倒坠落赔案占比在不同职业人群中差异明显。

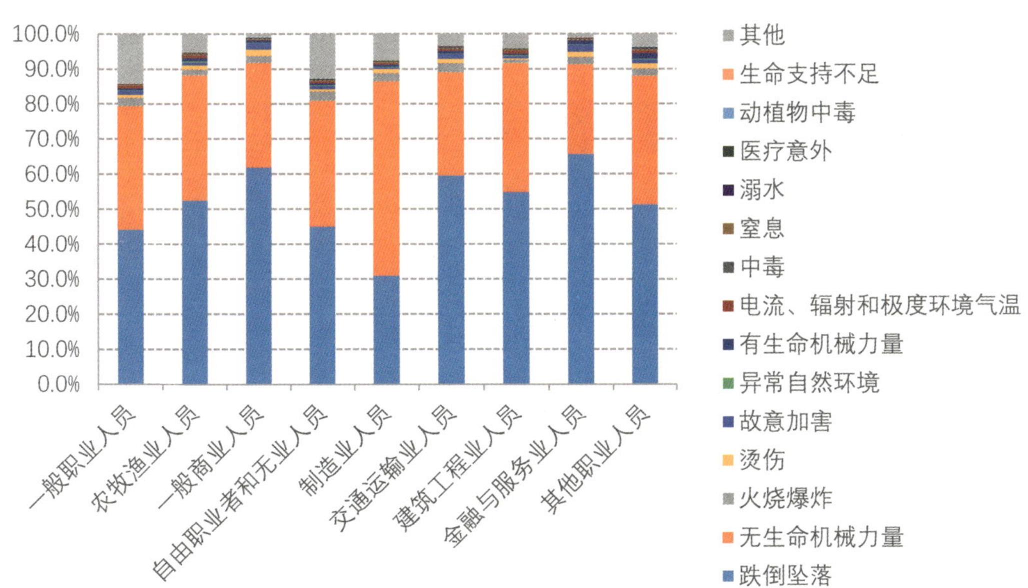

图 4.3.8　2015-2019 年分职业普通意外伤残原因占比图

制造业人员中无生命机械力量赔案占比为 55.5%，远超过其他行业；跌倒坠落赔案占比在金融与服务业人员中最高，为 65.7%，其次为一般商业人员、交通运输业人员、建筑工程业人员，占比分别为 61.8%、59.5% 和 54.9%。

4.3.4.2 交通意外

在交通意外伤残赔案中，不同职业的事故原因占比呈现出一定的差异。

行人交通意外赔案占比在一般商业人员中最高，为 21.2%；驾乘轿车意外伤残赔案占比在自由职业者和无业人员中相较于其他职业更低，仅为 10.2%；驾乘轻型货车和重型运输车意外伤残赔案占比在交通运输业人员中高于其他职业，分别为 7.2% 和 10.3%。

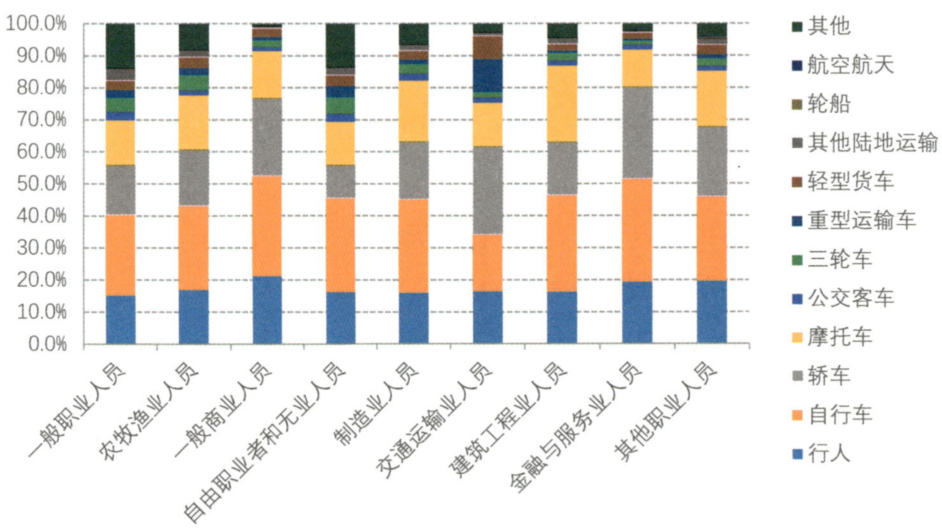

图 4.3.9　2015-2019 年分职业交通意外伤残原因占比图

4.4　残疾部位分析

4.4.1 整体分析

本节主要分析意外伤残在部位上的分布情况，数据范围为普通意外产品和学平少儿产品的意外伤残赔案。

残疾部位主要分为 8 大类，不同部位的残疾赔案占比差异较大。总体上看，“神经肌肉骨骼和运动有关的结构和功能”残疾的赔案占比最高，其在普通意外产品中为 55.5%，在学平少儿产品中为 58.7%；“泌尿和生殖系统有关的结构和功能”残疾的赔案占比最低，其在普通意外产品中为 0.7%，在学平少儿产品中为 2.0%。

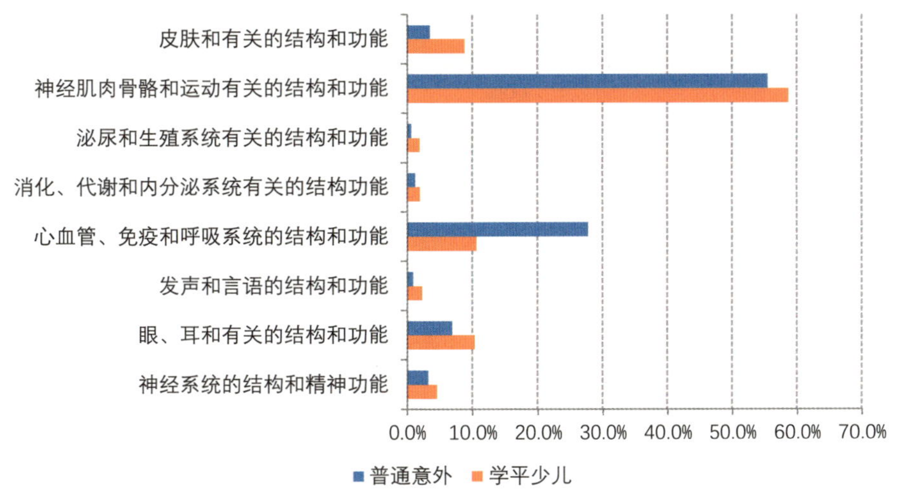

图 4.4.1　2015-2019 年分产品残疾部位占比图

4.4.2 普通意外产品残疾部位分析

4.4.2.1 年龄

普通意外产品中“神经肌肉骨骼和运动有关的结构和功能”残疾的赔案占比在各个年龄段都最高，在 20-29 岁人群中高达 63.3%；除 0-9 岁外，其他年龄段赔案占比第二高的残疾部位为“心血管、免疫和呼吸系统的结构和功能”；0-9 岁人群中，赔案占比第二高的残疾部位为“皮肤和有关的结构和功能”。

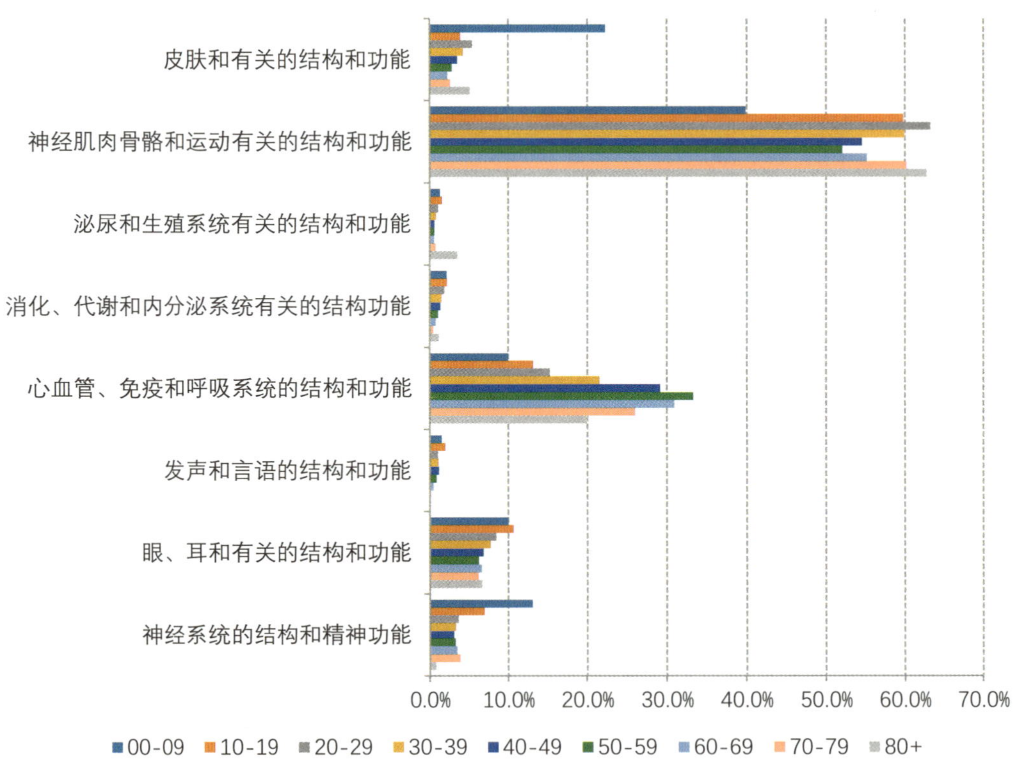

图 4.4.2　2015–2019 年分年龄普通意外险残疾部位占比图

4.4.2.2　性别

残疾部位分布在性别上没有显著差异。“神经肌肉骨骼和运动有关的结构和功能”残疾的赔案占比最高，男性和女性分别为 55.0% 和 57.3%；“泌尿和生殖系统有关的结构和功能”残疾的赔案占比最低，男性和女性分别为 0.7% 和 0.4%。

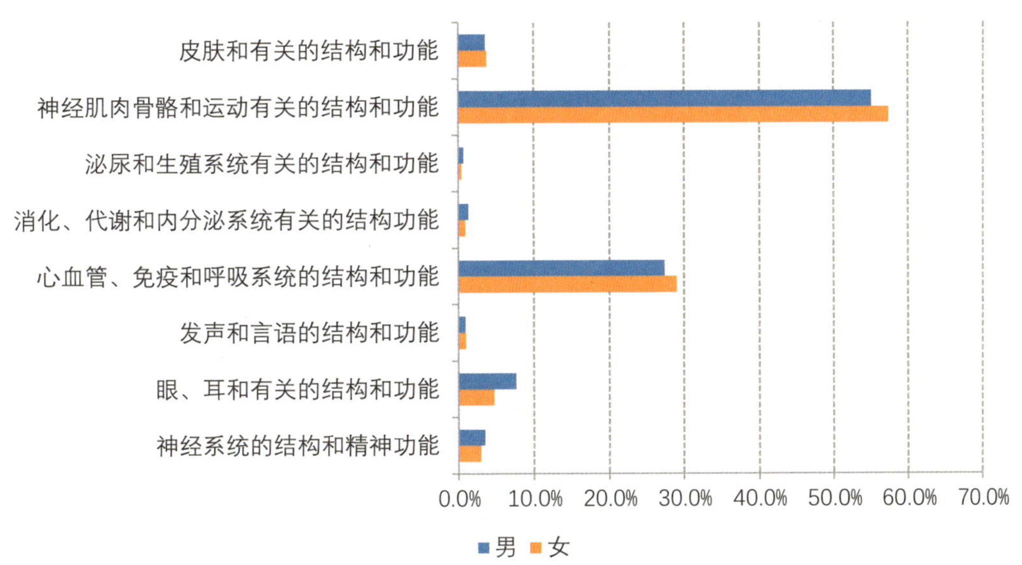

图 4.4.3　2015-2019 年分性别普通意外险残疾部位占比图

4.4.2.3　残疾等级

分残疾等级来看，除 7 级伤残外，“神经肌肉骨骼和运动有关的结构和功能”的赔案占比在其余各伤残等级中均最高；7 级伤残中，“眼、耳和有关的结构和功能”残疾的赔案占比最高，为 45.5%；1 级伤残中，“神经系统的结构和精神功能”的赔案占比较高，为 30.6%；8-10 级伤残中，“心血管、免疫和呼吸系统的结构和功能”残疾的赔案占比较高，为 32.7%。

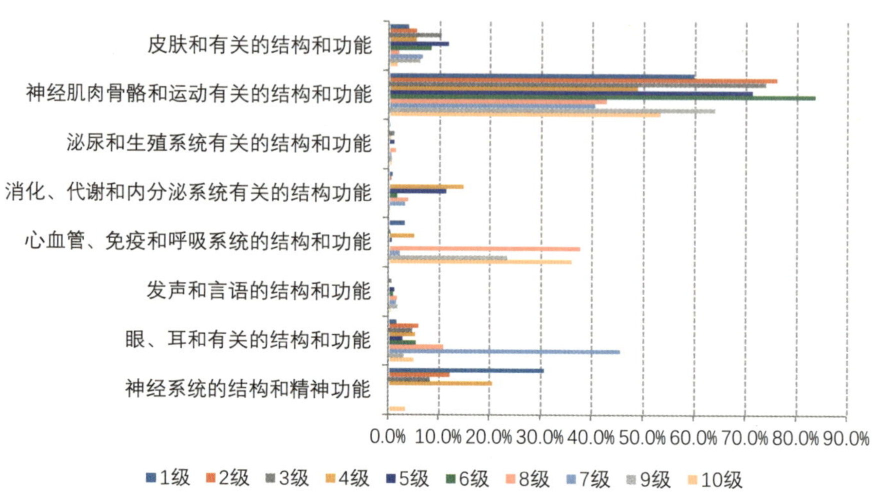

图 4.4.4　2015-2019 年分伤残等级普通意外险残疾部位占比图

4.4.2.4　会计年度

2015-2019 年各会计年度不同残疾部位占比波动较小。其中，“神经肌肉骨骼和运动有关的结构和功能”残疾的赔案占比从 2015 年的 57.3% 下降至 2019 年的 50.9%；“心血管、免疫和呼吸系统的结构和功能”残疾的赔案占比从 2015 年的 23.4% 上升至 2019 年的 34.5%。

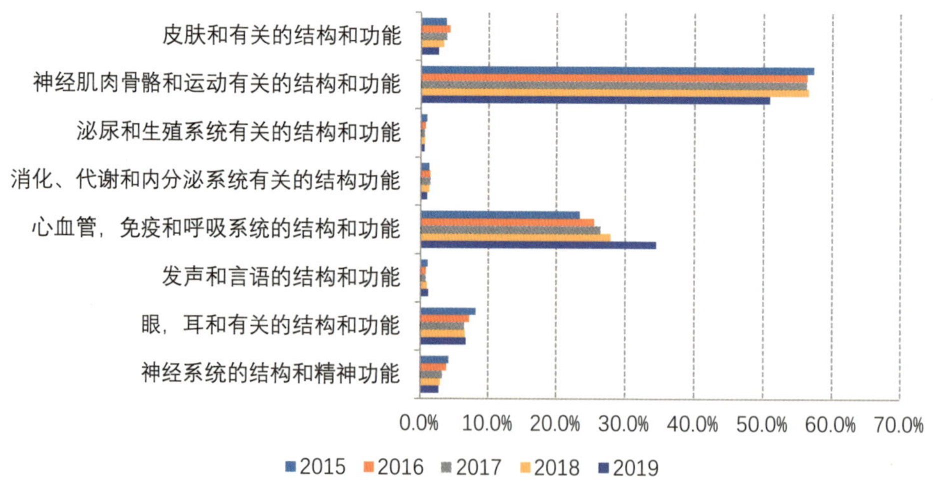

图 4.4.5　2015-2019 年分会计年度普通意外险残疾部位占比图

4.4.3 学平少儿产品残疾部位分析

4.4.3.1　年龄

学平少儿产品不同残疾部位赔案占比受年龄影响较大。“神经肌肉骨骼和运动有关的结构和功能”残疾赔案占比在各年龄段中均最高，在 56.0%-61.5% 之间；0-5 岁人群中，赔案占比居第二位的残疾部位为“皮肤和有关的结构和功能”，为 15.6%；6-11 岁人群中，赔案占比居第二位的残疾部位为“眼、耳和有关的结构和功能”，为 12.0%；12-18 岁人群中，赔案占比居第二位的残疾部位为“心血管，免疫和呼吸系统的结构和功能”，为 12.0%。

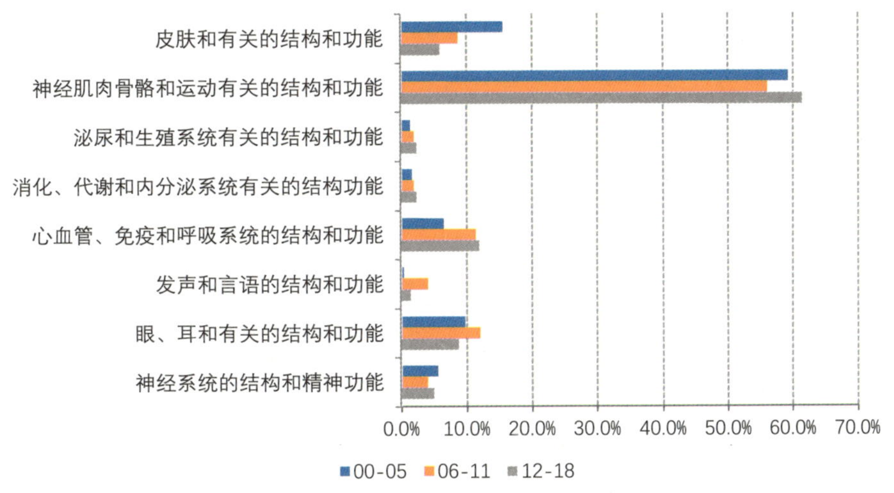

图 4.4.6　2015-2019 年分年龄段学平少儿险残疾部位占比图

4.4.3.2　性别

不同部位残疾赔案占比在性别上没有显著差异。“神经肌肉骨骼和运动有关的结构和功能”残疾赔案占比最高，男性和女性分别为 58.3% 和 59.6%；男性伤残赔案中，“消化、代谢和内分泌系统有关的结构功能”残疾赔案占比最低，为 2.2%；女性伤残赔案中，“泌尿和生殖系统有关的结构和功能”残疾赔案占比最低，为 1.4%。

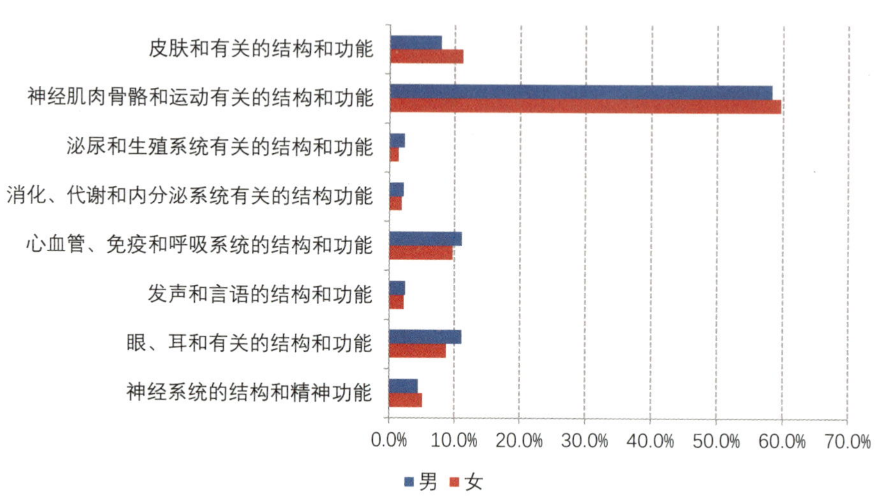

图 4.4.7　2015–2019 年分性别学平少儿险残疾部位占比图

4.4.3.3　残疾等级

分残疾等级来看，除 7 级、8 级伤残外，“神经肌肉骨骼和运动有关的结构和功能”残疾赔案占比在其余各伤残等级中均最高；7 级伤残中，“眼、耳和有关的结构和功能”残疾赔案占比最高，为 45.0%；8 级伤残中，“心血管、免疫和呼吸系统的结构和功能”残疾赔案占比最高，为 45.0%。

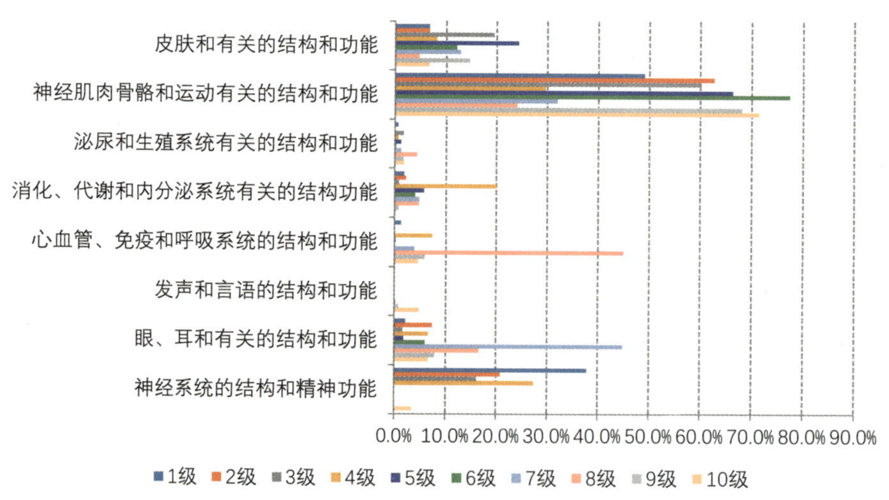

图 4.4.8　2015–2019 年分伤残等级学平少儿险残疾部位占比图

4.4.3.4　会计年度

2015-2019 年各会计年度不同残疾部位赔案占比波动较小。其中，“神经肌肉骨骼和运动有关的结构和功能”残疾赔案的占比从 2015 年的 57.9% 下降至 2019 年的 51.9%；“心血管、免疫和呼吸系统的结构和功能”残疾赔案的占比从 2015 年的 10.9% 上升至 2019 年的 15.4%。

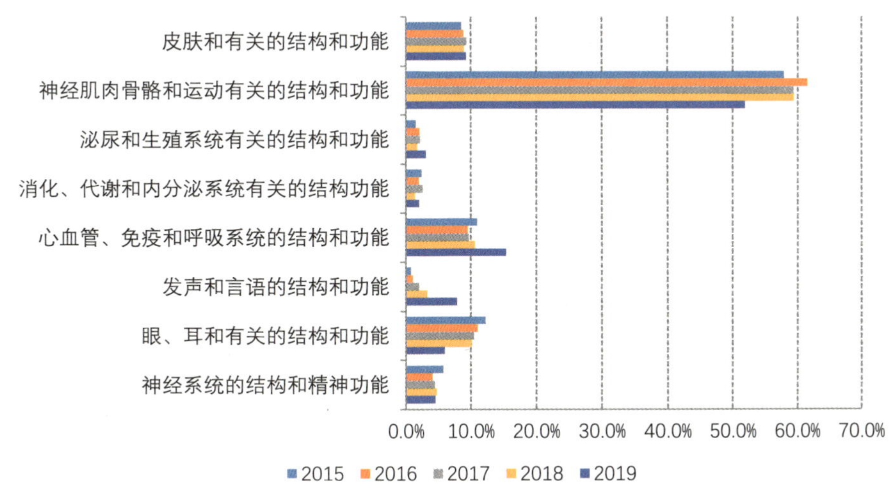

图 4.4.9　2015-2019 年分会计年度学平少儿险残疾部位占比图

4.5 理赔时滞分析

本节主要对意外身故和意外伤残赔案从出险到报案以及从报案到结案的时间间隔进行分析，数据范围包含正常给付、通融给付和拒付的赔案。

4.5.1 出险至报案时滞分析

2015-2019 年，意外身故赔案出险至报案的时间间隔（以下简称报案时滞）呈现出一定的长尾分布特征，平均报案时滞为 79.8 天，25% 分位数为 7 天，中位数为 39 天，75% 分位数为 97 天。

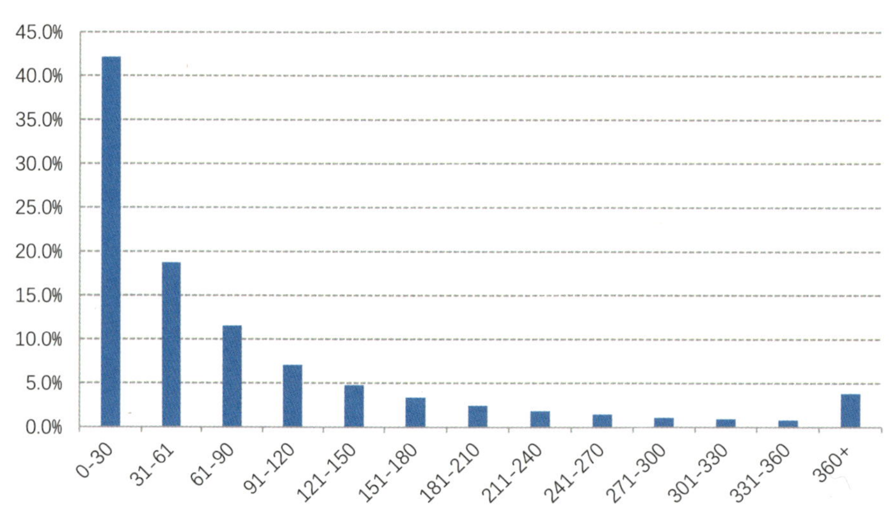

图 4.5.1　2015-2019 年意外身故赔案报案时滞分布图

2015-2019 年，意外伤残赔案的报案时滞同样呈现长尾分布的特征。平均报案时滞为 213.7 天，25% 分位数为 65 天，中位数为 184 天，75% 分位数为 314 天。

由于意外伤残事故一般需进行一段时间的治疗和伤残等级评定，因此较意外身故赔案的报案时滞更长，出险 1 个月内报案的赔案占比为仅为 17.2%。且通常情况下，根据意外伤害保险条款约定，若自意外伤害发生之日起 180 日内治疗未结束的，按第 180 日的身体情况进行评定，因此，在第 180 天 -210 天、211 天 -240 天、241 天 -270 天赔案占比同样较高，分别为 6.8%、7.7% 和 6.4%。

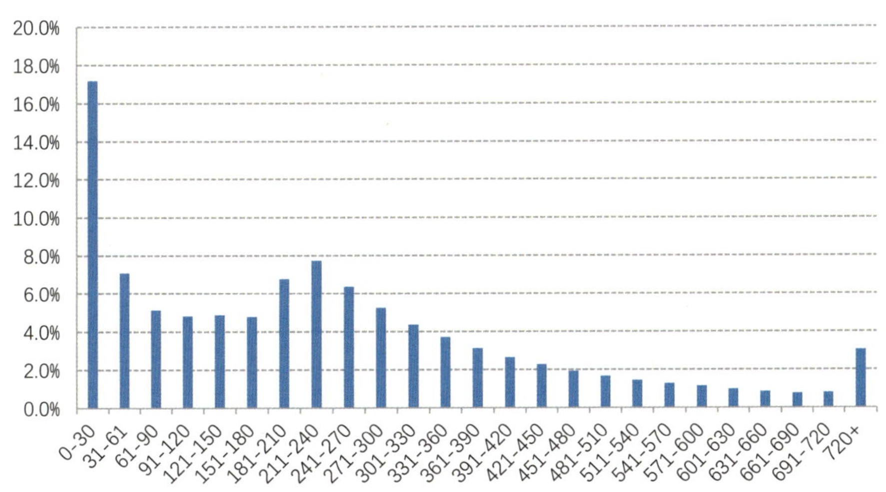

图 4.5.2　2015-2019 年意外伤残赔案报案时滞分布图

4.5.2 报案至结案时滞分析

2015-2019 年，意外身故赔案报案至结案的时间间隔（以下简称理赔时滞）平均为 54.7 天，25% 分位数为 1 天，中位数为 5 天，75% 分位数为 33 天。

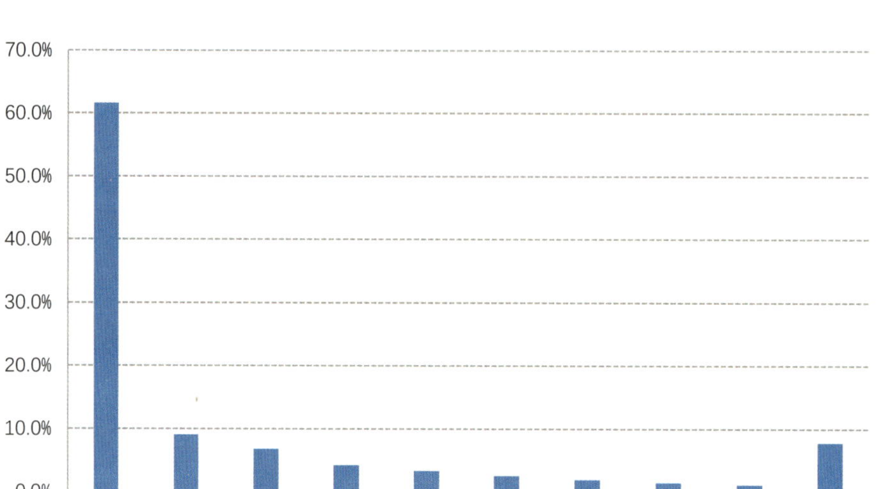

图 4.5.3 2015-2019 年意外身故赔案理赔时滞分布图

2015-2019 年，意外伤残赔案的理赔时滞平均为 83.1 天，25 分位数为 1 天，中位数为 8 天，75 分位数为 25 天，整体上略高于意外身故赔案。

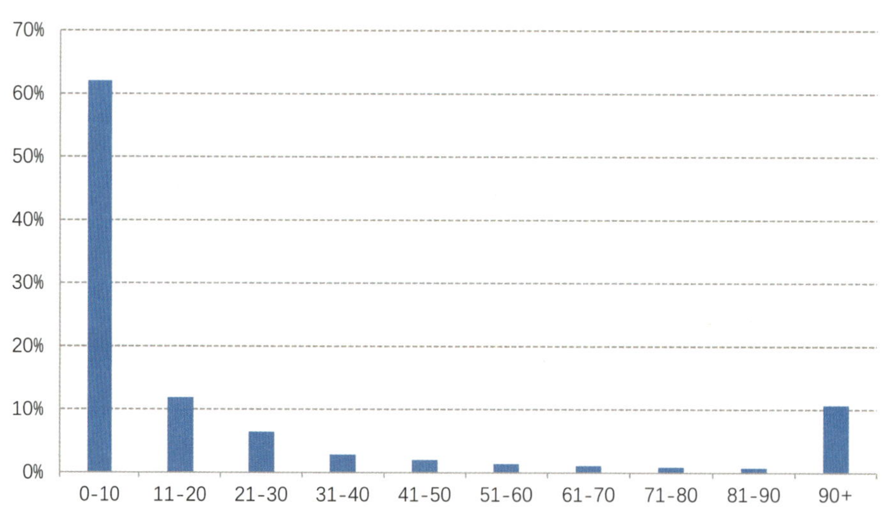

图 4.5.4 2015-2019 年意外伤残赔案理赔时滞分布图

4.5.3 分日历年度理赔时滞分析

此小节主要分析意外身故和意外伤残赔案报案时滞和理赔时滞的差异随日历年

的变化趋势。

从出险的日历年度看，意外身故和意外伤残赔案的报案时滞中位数呈现下降的趋势，随着客户保险意识的增强，越来越多的客户会在出险后及时报案。

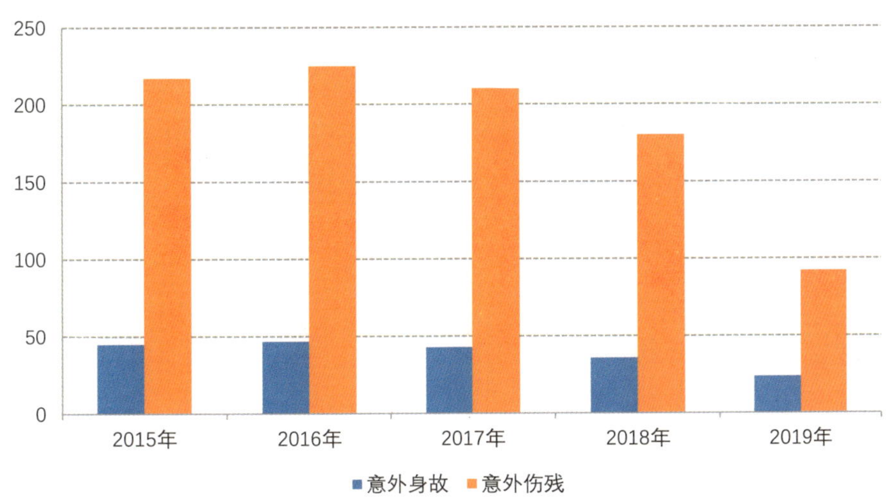

图 4.5.5　2015-2019 分日历年报案时滞中位数图

意外身故和意外伤残的理赔时滞中位数随日历年呈现出一定的上升趋势，由于案件的复杂性，保险公司对案件真实性调查的加强或是导致这一变化的重要原因。

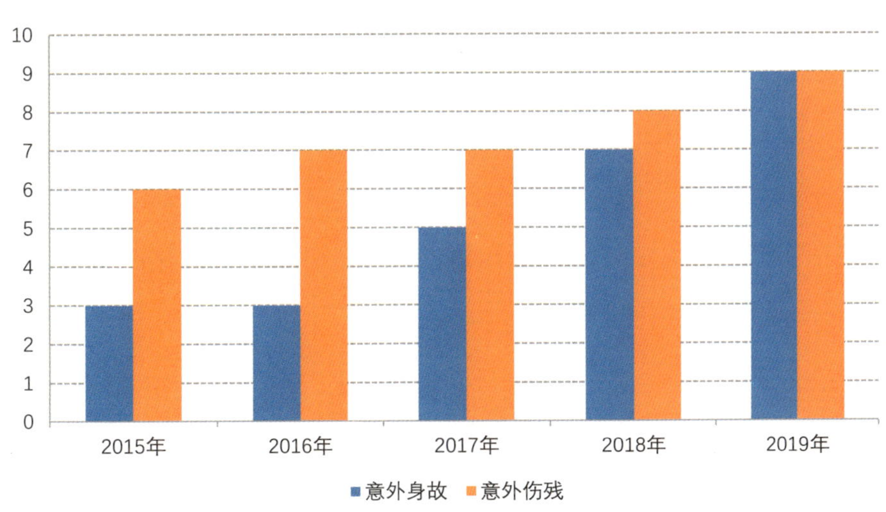

图 4.5.6　2015-2019 分日历年理赔时滞中位数图

4.5.5 分赔付类型理赔时滞分析

此小节主要分析不同赔付类型赔案的理赔时滞差异。不同赔付类型的理赔时滞存在一定差异，正常给付的理赔时滞相对较短，而拒付和通融给付案件的程序通常较为复杂，需要多次沟通，因此其理赔时滞相对较长。

意外身故赔案正常给付的理赔时滞中位数为 3 天，通融给付的中位数为 13 天，拒付则长达 16 天。意外伤残类赔案正常给付的理赔时滞中位数为 4 天，拒付的中位数为 14 天，通融给付则长达 25 天。

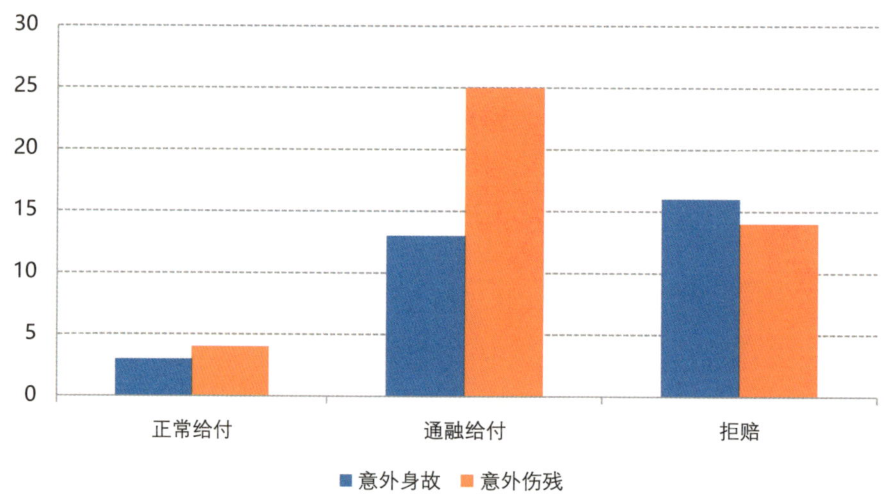

图 4.5.7　2015–2019 年分赔付类型理赔时滞中位数图

从时间分布上来看，对于意外身故赔案，正常给付的赔案中，在 10 天内结案的赔案占比为 64.5%；通融给付的赔案中，在 10 天内结案的赔案占比为 47.6%；拒付的赔案中，在 10 天内结案的赔案占比为 41.8%。

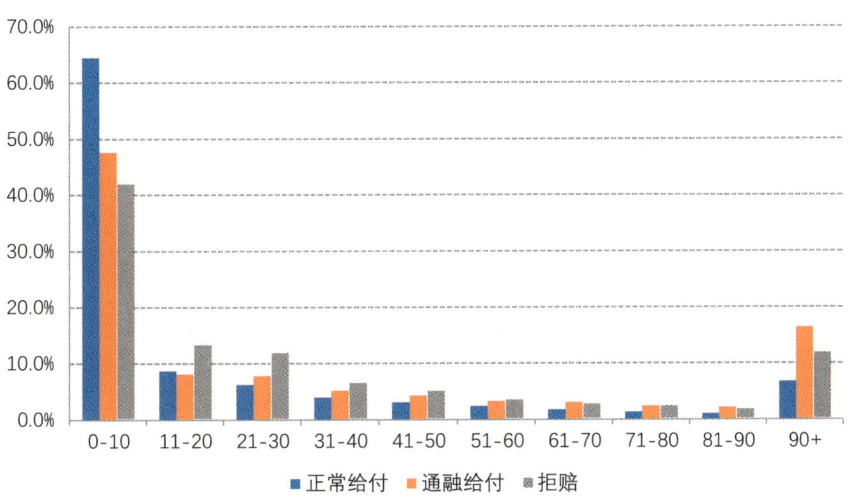

图 4.5.8　2015-2019 年意外身故赔案分赔付类型理赔时滞分布图

对于意外伤残赔案，正常给付的赔案中，在 10 天内结案的赔案占比为 65.3%；通融给付的赔案中，在 10 天内结案的赔案占比为 21.8%；拒付的赔案中，在 10 天内结案的赔案占比为 41.4%。

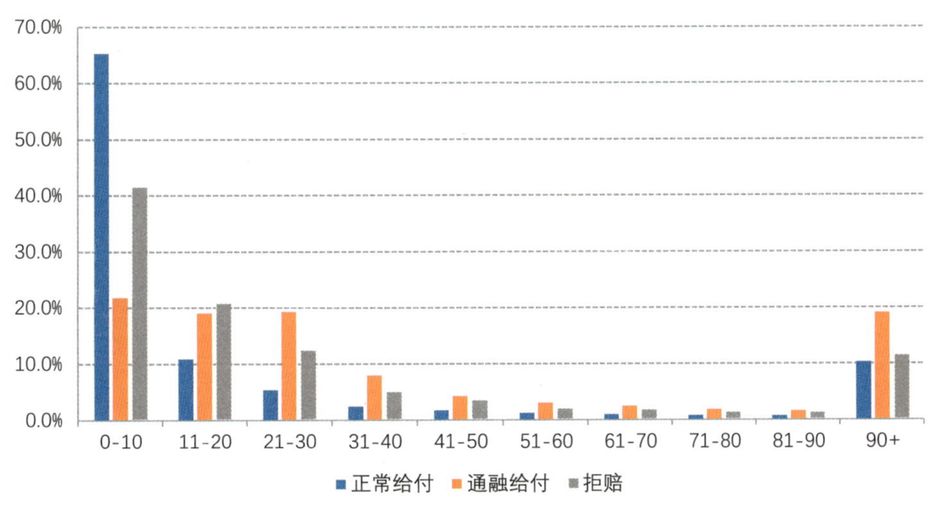

图 4.5.9　2015-2019 年意外伤残赔案分赔付类型理赔时滞分布图

第5章 意外死亡率分析

5.1　整体分析

本节主要对普通意外险及学平少儿意外险的身故粗发生率进行整体分析。

5.1.1　普通意外死亡率整体分析

整体而言，0-9 岁的普通意外身故粗发生率呈现下降的趋势；10-59 岁，普通意外身故粗发生率呈现稳定上升的趋势；60-75 岁，普通意外身故粗发生率上升较快；75 岁之后，由于样本有限，普通意外身故粗发生率波动较大。

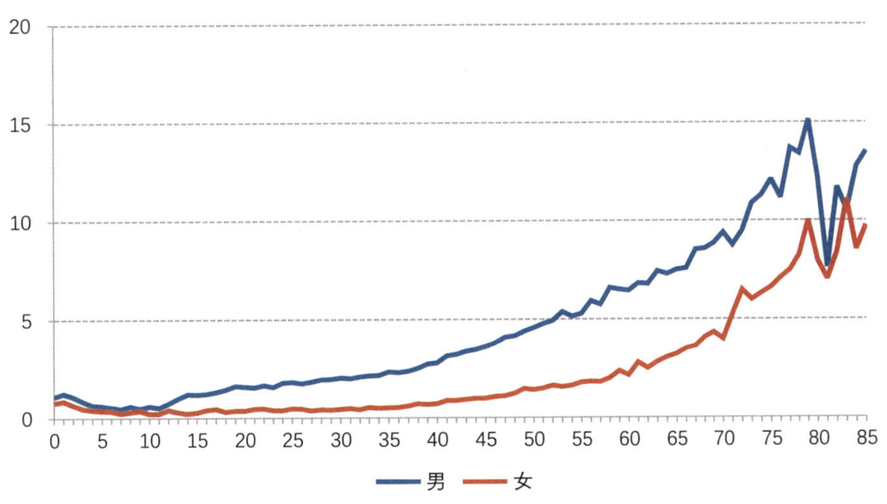

图 5.1.1　2015-2019 年分年龄普通意外身故粗发生率图（单位：1/10000）

按性别分析，总体来看，男性的普通意外身故粗发生率高于女性。在 15 岁及 30 岁前后，男性与女性的普通意外身故粗发生率比值较高；30 岁之后，这一比值呈现下降的趋势。

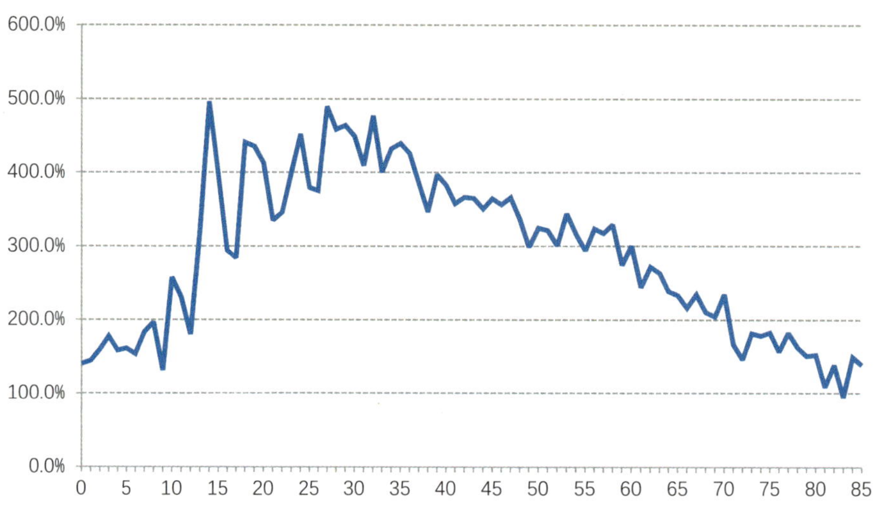

图 5.1.2　2015-2019 年男性与女性普通意外身故粗发生率比值图

图 5.1.3　2015-2019 年普通意外身故件数粗发生率与保额粗发生率比值图

件数发生率与保额发生率的差异是出险保单中保额分布的反映。总体来看，普通意外身故的件数粗发生率高于保额粗发生率，反映出险保单的平均保额低于被保

人群平均值。在低年龄及高年龄段，件数粗发生率与保额粗发生率的比值较高；在中间年龄段，这一比值相对稳定。

5.1.2 学平少儿意外死亡率整体分析

整体而言，学平少儿男性的意外身故粗发生率在 0-10 岁呈现缓慢下降的趋势；11 岁之后快速上升，在 14 岁达到峰值；15-18 岁，呈现快速下降的趋势。学平少儿女性的意外身故粗发生率在 1 岁达到峰值；2-18 岁，呈现下降的趋势。

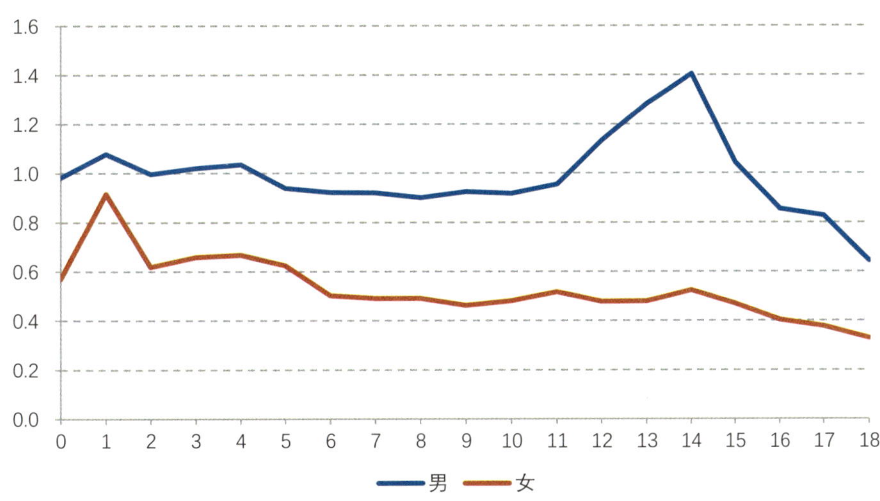

图 5.1.4　2015-2019 年分年龄学平少儿意外身故粗发生率图（单位：1/10000）

按性别分析，总体来看，学平少儿男性的意外身故粗发生率高于女性。在 14 岁，学平少儿男性与女性的意外身故粗发生率比值达到峰值。

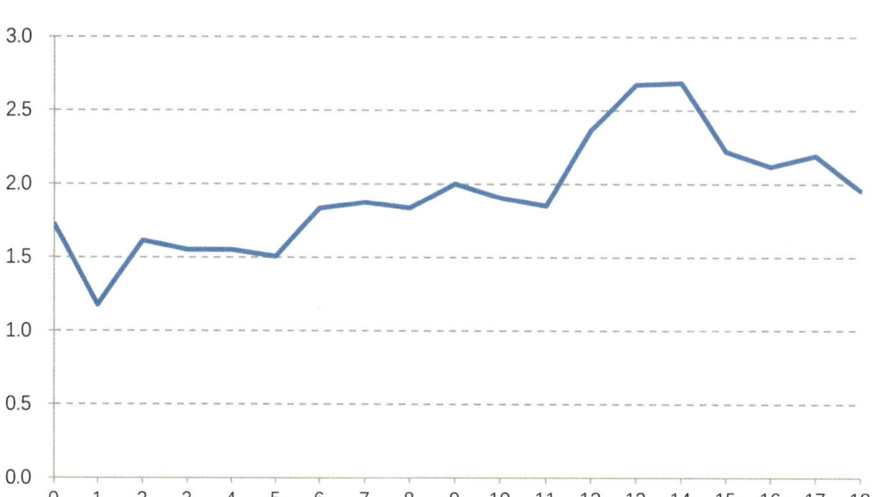

图 5.1.5 2015-2019 年学平少儿男性与女性意外身故粗发生率比值图

件数发生率与保额发生率的差异是出险保单中保额分布的反映。总体来看，学平少儿的意外身故件数粗发生率高于保额粗发生率，反映出险保单的平均保额低于被保人群平均值；在个别年龄，学平少儿的意外身故件数粗发生率低于保额粗发生率。

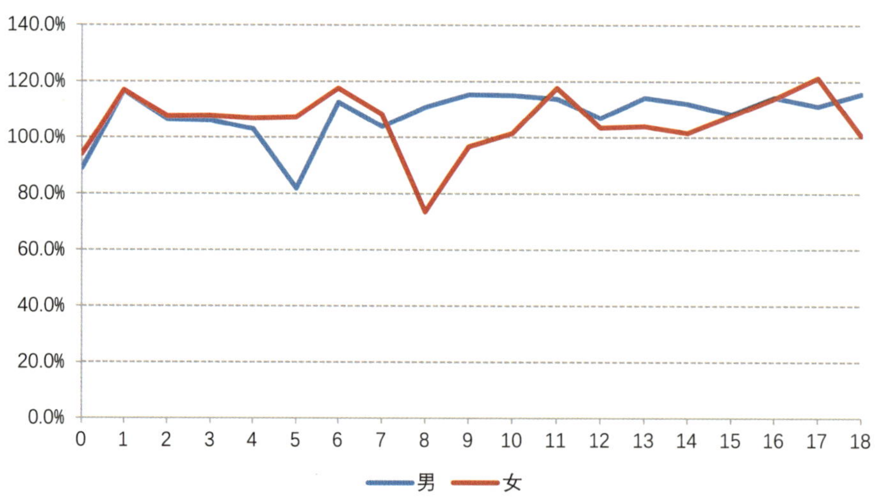

图 5.1.6 2015-2019 年学平少儿意外身故件数粗发生率与保额粗发生率比值图

5.2　死亡率分析

本小节采用意外死亡指数作为分析指标，主要以意外险的身故粗发生率为代表进行分析，呈现不同维度下意外身故粗发生率的相对水平。意外死亡指数为实际意外死亡发生件数与预期意外死亡发生件数的比值。

$$\text{意外死亡指数} = \frac{\text{实际意外死亡发生件数}}{\text{预期意外死亡发生件数}}$$

预期意外死亡发生件数 = 意外死亡件数暴露数 × 分性别分年龄意外死亡粗发生率

基于上述方法，分性别分年龄的意外死亡指数均为 1。各分析维度下意外死亡指数大于 1 反映了该维度下意外的死亡发生率高于平均水平，小于 1 则反映了该维度下意外的死亡发生率低于平均水平。

5.2.1　普通意外死亡率分析

5.2.1.1　会计年度

按会计年度分析，总体来看，男性和女性的普通意外死亡指数在 2015-2016 年有小幅度上升；2016 年之后呈现出逐年下降的趋势，其中，男性的普通意外死亡指数下降速度快于女性。

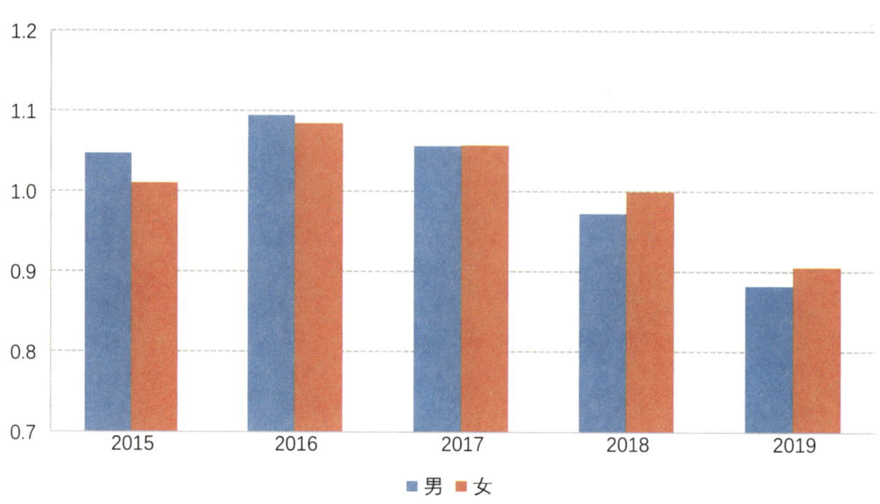

图 5.2.1　2015-2019 年分会计年度普通意外死亡指数图

5.2.1.2　保额

按保额分析，总体来看，男性与女性的普通意外死亡指数随保额变化的趋势基本相同。保额在 10 万元及以下，普通意外死亡指数随保额上升而上升；保额高于 10 万元且不超过 50 万元，普通意外死亡指数随保额上升而下降；保额 50 万元以上，普通意外死亡指数最高。

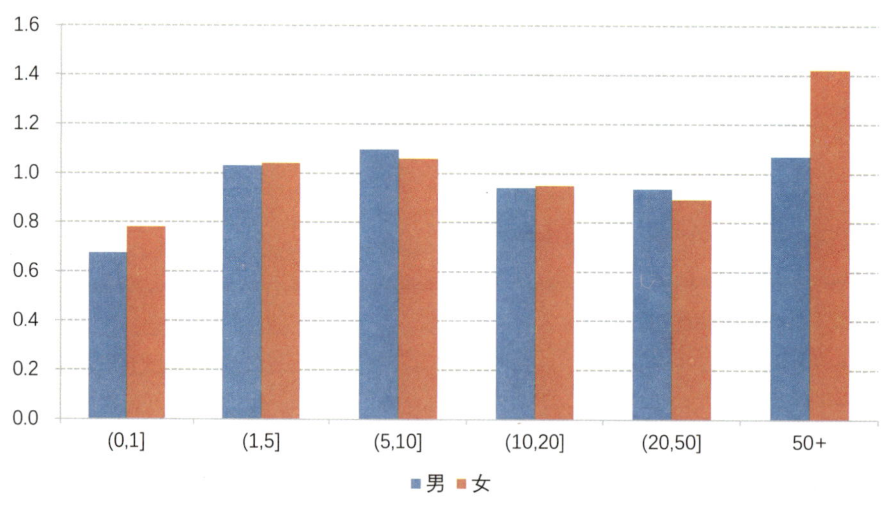

图 5.2.2　2015-2019 年分保额普通意外死亡指数图（单位：人民币万元）

5.2.1.3　职业类别

按职业类别分析，男性职业类别为“农牧渔业人员”的普通意外死亡指数最高；其次为“建筑工程业人员”；此外，“地质矿产业人员”及“交通运输业人员”的普通意外死亡指数也较高；“计算机与互联网业人员”普通意外死亡指数最低。女性职业类别为“地质矿产业人员”的普通意外死亡指数最高；其次为“建筑工程业人员”；“计算机与互联网业人员”普通意外死亡指数较低；“军人”的普通意外死亡指数由于样本较少，参考性有限。

需要注意的是，各职业类别中仍包含多项职业小类，各职业小类间的普通意外身故发生率存在一定差异。

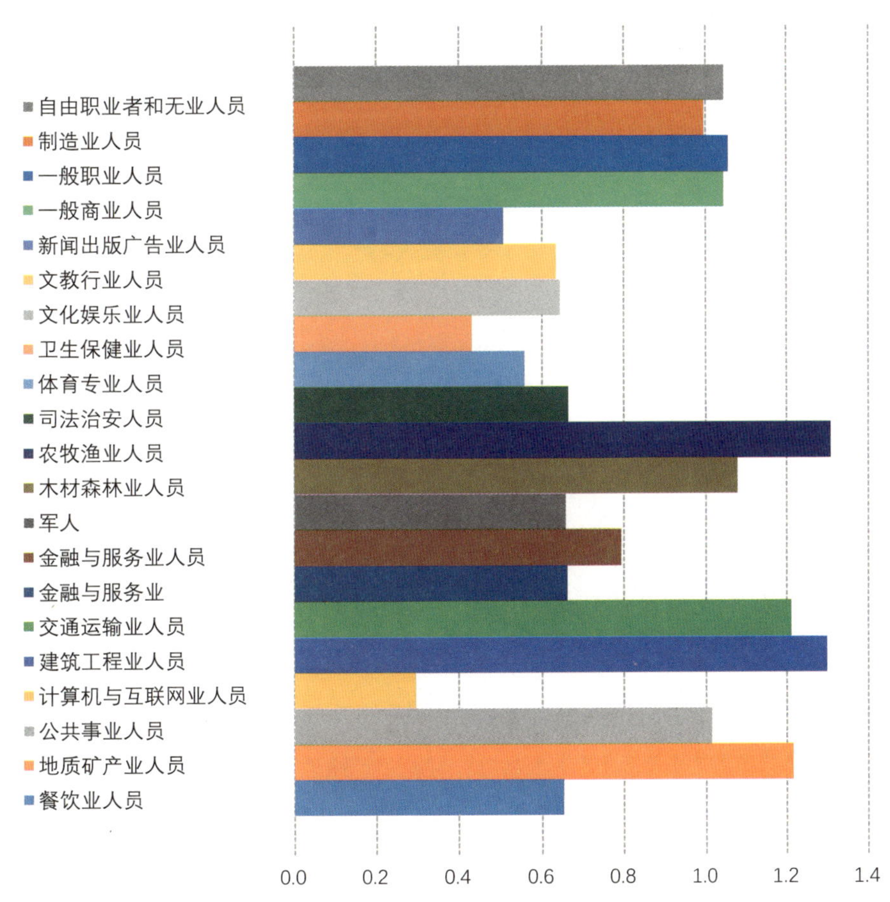

图 5.2.3　2015-2019 年分职业类别普通意外死亡指数图（男性）

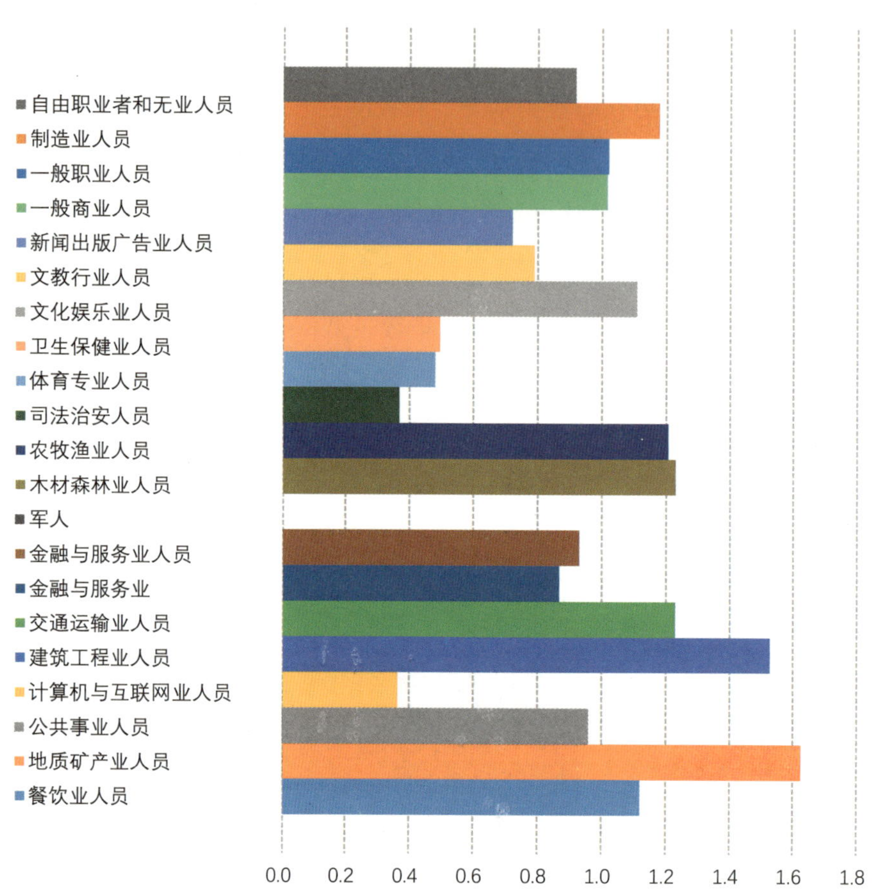

图 5.2.4　2015-2019 年分职业类别普通意外死亡指数图（女性）

5.2.1.4　职业等级

按职业等级分析，总体来看，普通意外死亡指数与职业等级相关性较强，职业等级越高的人群普通意外死亡指数越高。男性职业等级为 1 级的保单，普通意外死亡指数最低；职业等级为 6 级的保单，普通意外死亡指数最高。女性职业等级为 1 级的保单，普通意外死亡指数最低；职业等级为 5 级保单，普通意外死亡指数最高；职业等级为 6 级的保单，由于样本较少，普通意外死亡指数参考性有限。

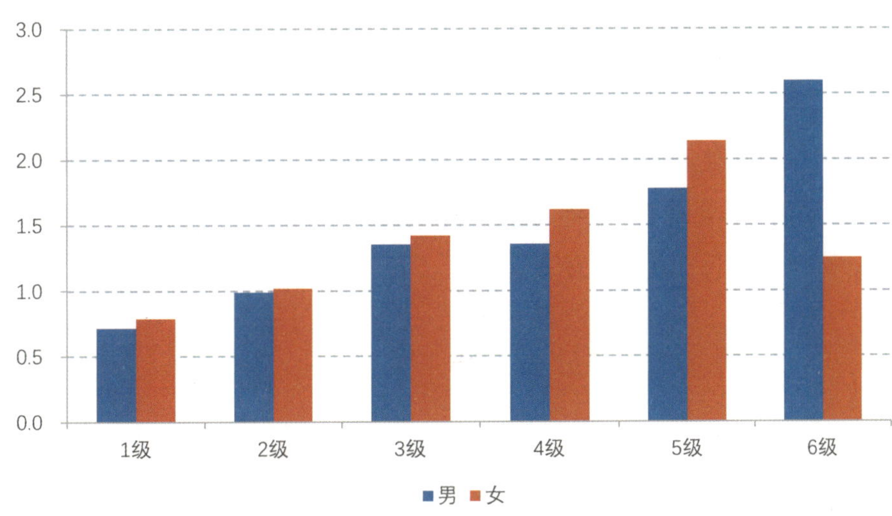

图 5.2.5　2015-2019 年分职业等级普通意外死亡指数图

5.2.1.5　地区

按地区分析，总体来看，西北及西南地区的普通意外死亡指数较高，华南地区的普通意外死亡指数较低。男性及女性的普通意外死亡指数在各地区中也存在基本相同的特征，西北及西南地区较高，华南地区较低。

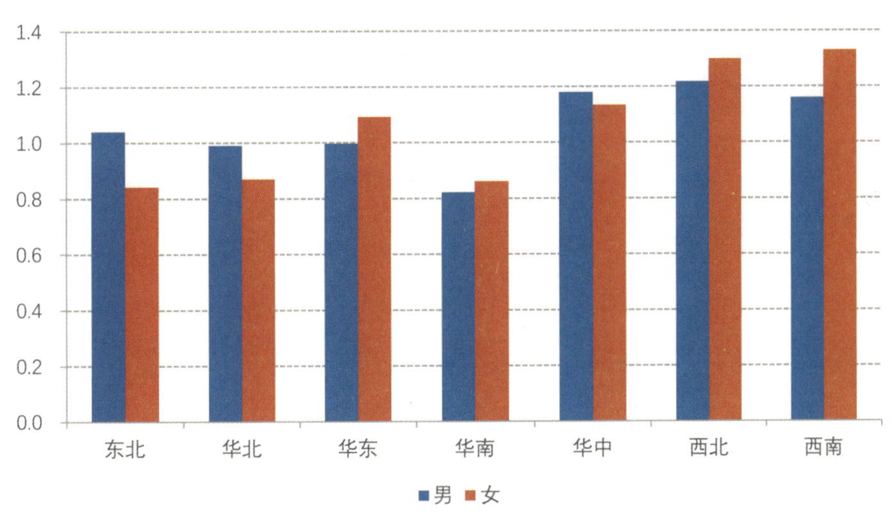

图 5.2.6　2015-2019 年分地区普通意外死亡指数图

5.2.1.6 产品类型

以普通意外险死亡发生率水平 100% 为基准，借款人、农村小额及家庭意外险的整体意外死亡发生率水平均高于普通意外险，其中男性的借款人及农村小额意外险意外死亡指数高出较多，女性的农村小额及家庭意外险意外死亡指数较高（女性借款人意外险保单较少数据量不足）。

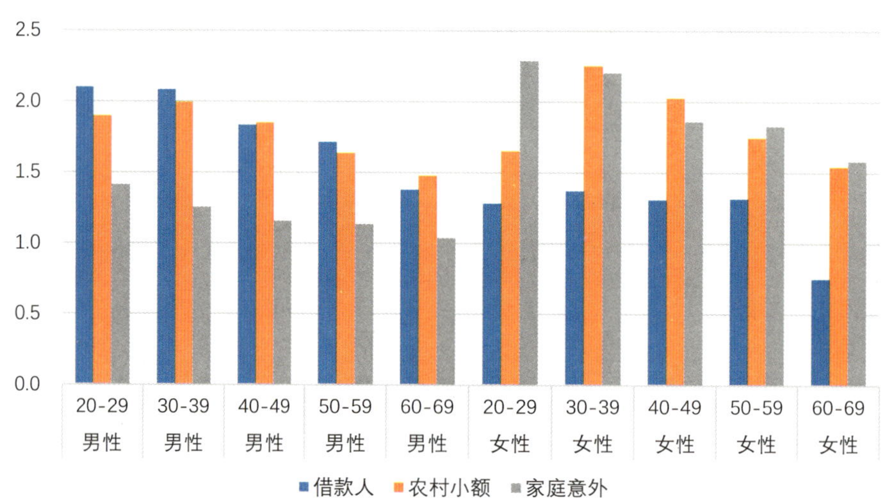

图 5.2.7 2015-2019 年分产品类型意外死亡指数图

5.2.2 学平少儿意外死亡率分析

5.2.2.1 会计年度

按会计年度分析，总体来看，2015-2019 年学平少儿的意外死亡指数呈下降趋势。其中，学平少儿男性的意外死亡指数下降速度快于女性。

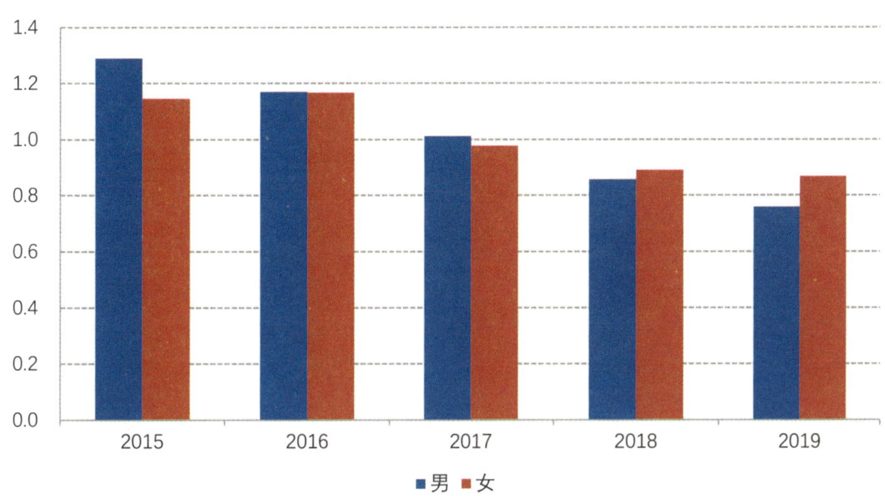

图 5.2.8　2015–2019 年分会计年度学平少儿意外死亡指数图

5.2.2.2　保额

按保额分析，保额高于 1 万元且不超过 5 万元的学平少儿意外死亡指数最高；保额高于 10 万元且不超过 50 万元的学平少儿意外死亡指数较低；女性保额 50 万元以上，由于样本较少，参考性有限。

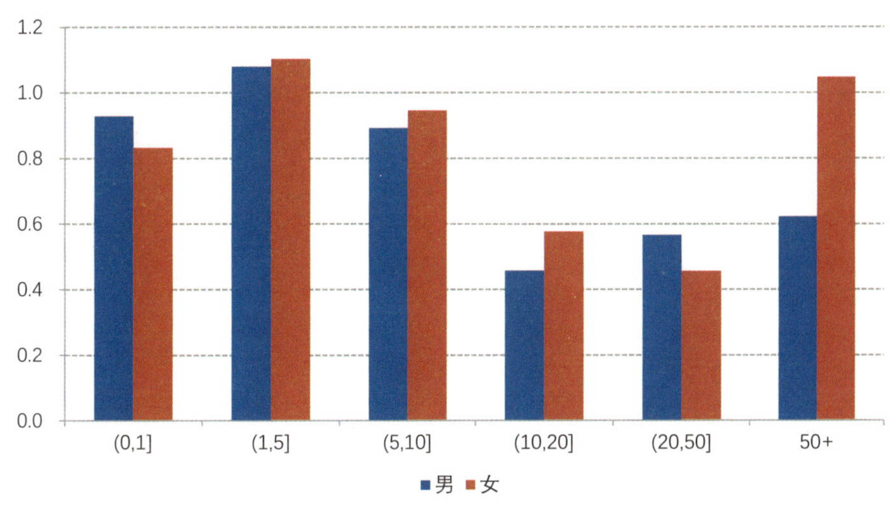

图 5.2.9　2015–2019 年分保额学平少儿意外死亡指数图（单位：人民币万元）

5.2.2.3 地区

按地区分析，总体来看，西南地区学平少儿的意外死亡指数最高，华北及东北地区学平少儿的意外死亡指数相对较低。学平少儿男性及女性的意外死亡指数在各地区情况基本相同，均为西南地区最高，华北及东北地区较低。

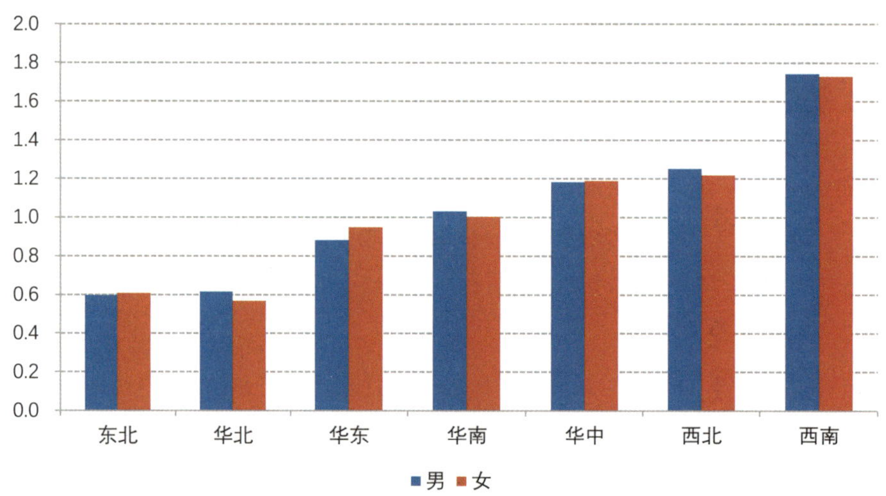

图 5.2.10　2015-2019 年分地区学平少儿意外死亡指数图

5.3 趋势分析

5.3.1 整体趋势情况

本次意外险发生率表对于普通意外和学平少儿分别编制，因此将普通意外和学平少儿分开观察各年度间意外死亡发生率的趋势。为了消除年度间年龄、性别分布的差异，对各年度意外死亡发生率进行了年龄性别标化[①]。

2015-2019 年，普通意外死亡发生率在 2016 年有所上升，之后持续下降，学平少儿意外死亡率呈逐年下降的趋势。总体来看普通意外和学平少儿意外死亡率都是下降的。

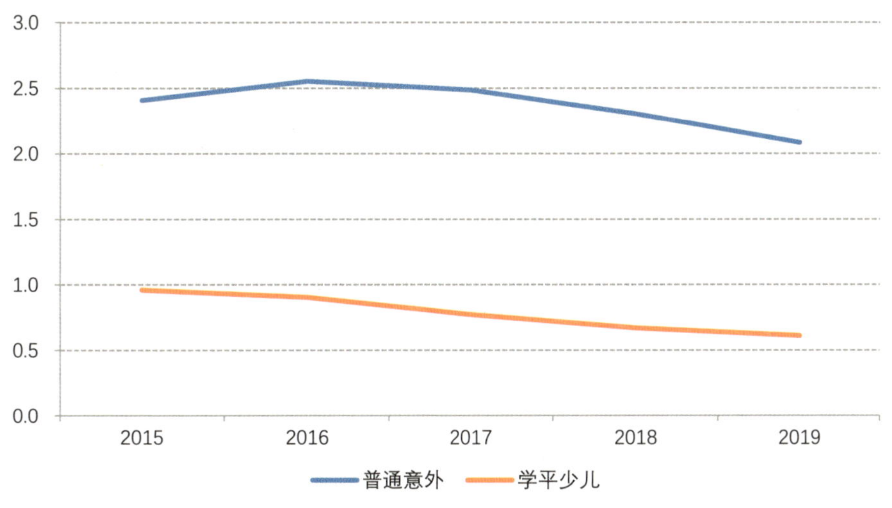

图 5.3.1　2015-2019 年意外死亡发生率趋势图（单位：1/10000）

① 如无特殊说明，趋势分析章节中所有分年度的意外死亡发生率都进行了年龄性别标化。

5.3.2 普通意外趋势分析

本节从性别、年龄、意外原因的维度来分析普通意外险的死亡发生率趋势。

5.3.2.1 普通意外整体趋势分析

2015-2019 年，整体上看男性死亡发生率在各年均高于女性，并且男性和女性的普通意外死亡发生率均呈现先上升后下降的趋势。男性年均降幅为 4.1%，女性年均降幅为 2.8%。

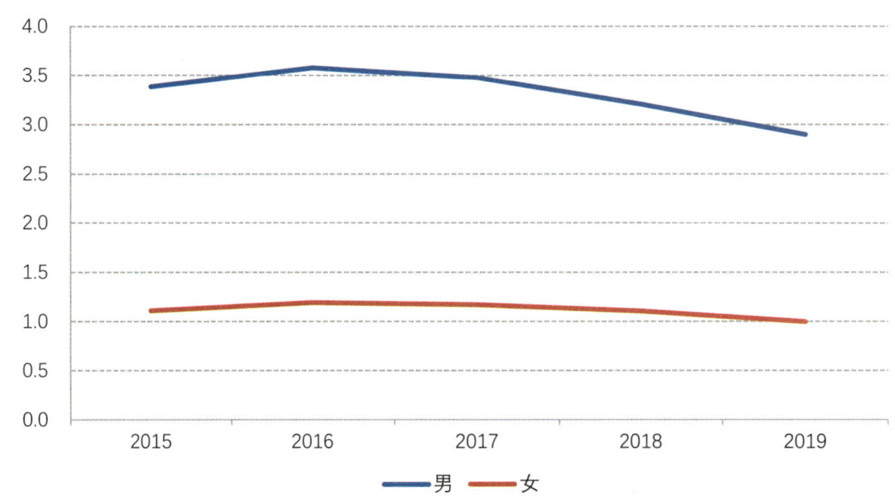

图 5.3.2 2015-2019 年普通意外死亡发生率趋势图（单位：1/10000）

男性 0-18 岁和 19-39 岁年龄段的死亡发生率均呈下降趋势，40-59 岁和 60-85 岁年龄段的死亡发生率呈现先上升后下降的趋势，60-85 岁年龄段的上升趋势更为明显。

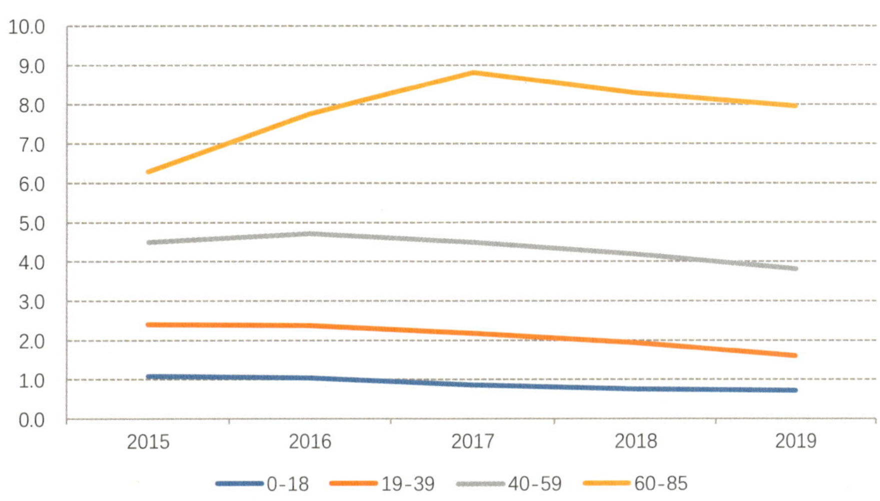

图 5.3.3　2015-2019 年男性分年龄段普通意外死亡发生率趋势图（单位：1/10000）

女性 0-18 岁、19-39 岁和 40-59 岁年龄段死亡发生率整体上呈现下降趋势，60-85 岁年龄段呈现明显的先上升后下降的趋势，且其发生率远高于其他年龄组。

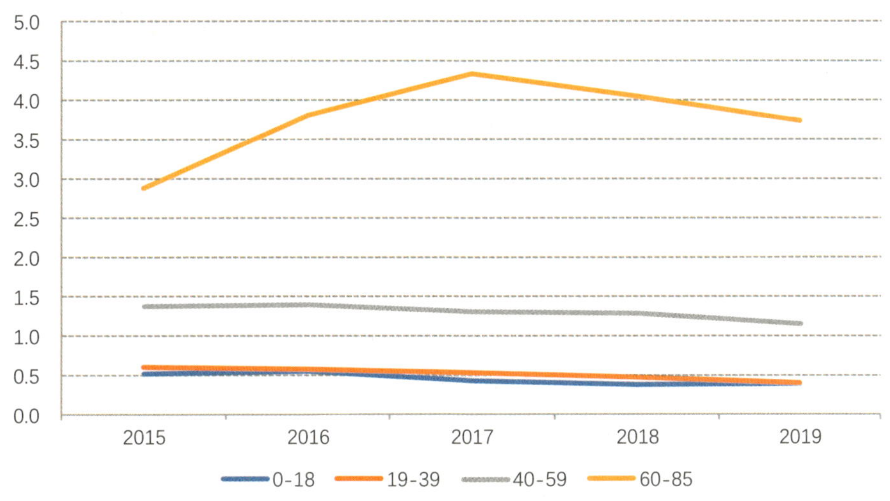

图 5.3.4　2015-2019 年女性分年龄段普通意外死亡发生率趋势图（单位：1/10000）

5.3.2.2　交通意外

2015-2019 年，男性和女性的普通意外险交通意外死亡发生率整体上均呈下降

趋势，其中男性下降趋势较为明显。男性年均降幅为 7.2%，女性年均降幅为 4.7%。

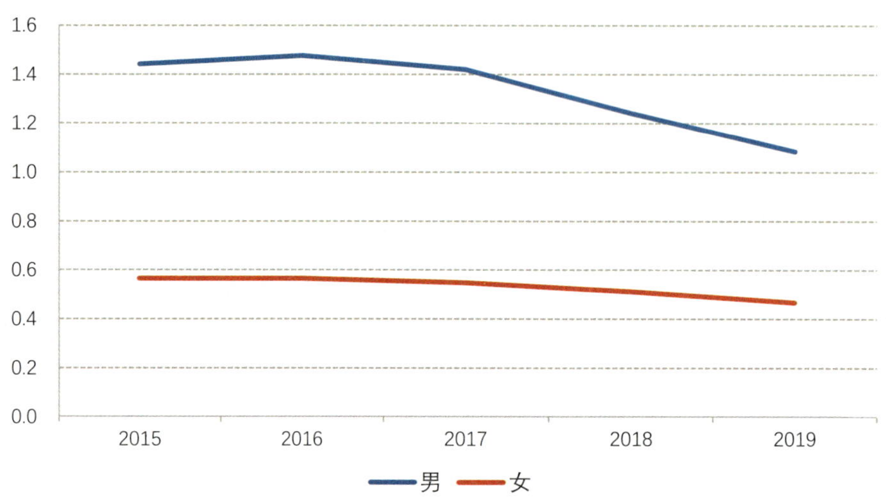

图 5.3.5　2015-2019 年普通意外险交通意外死亡发生率趋势图（单位：1/10000）

男性 0-18 岁、19-39 岁和 40-59 岁年龄段交通意外死亡发生率整体上呈现下降趋势，其中 19-39 岁年龄段下降趋势更为明显。60-85 岁年龄段交通意外死亡发生率呈现先上升后缓慢下降的趋势。

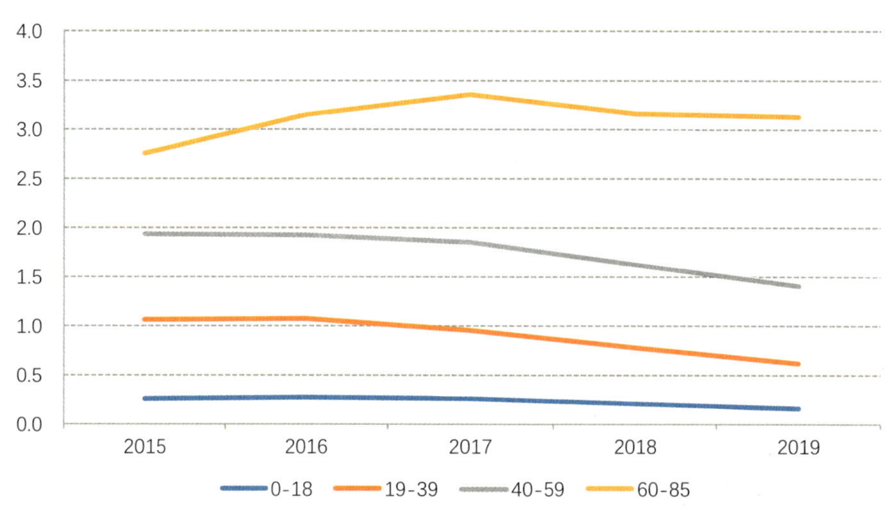

图 5.3.6　2015-2019 年男性分年龄段普通意外险交通意外死亡发生率趋势图（单位：1/10000）

女性0-18岁、19-39岁和40-59岁年龄段交通意外死亡发生率整体上呈现下降趋势。60-85岁年龄段在2015年到2018年交通意外死亡发生率呈现上升趋势，并在2019年有所下降。

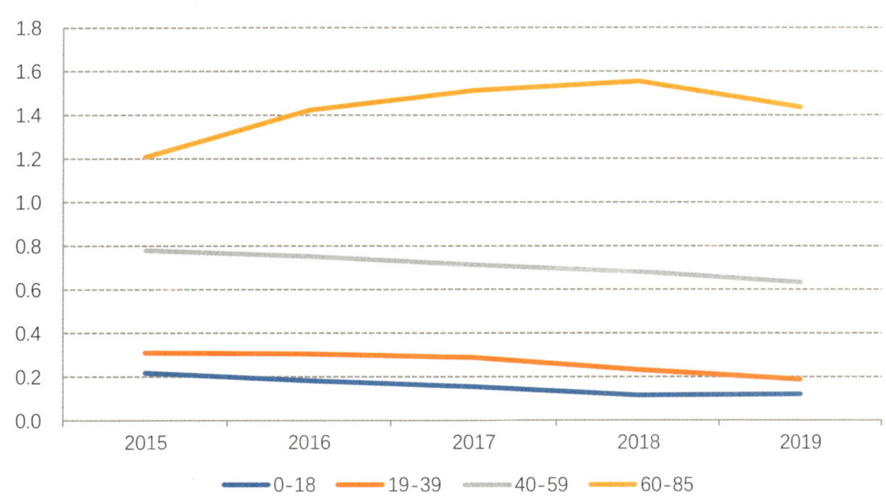

图5.3.7　2015-2019年女性分年龄段普通意外险交通意外死亡发生率趋势图（单位：1/10000）

5.3.2.3　跌倒坠落

2015-2019年，男性和女性的普通意外跌倒坠落死亡发生率整体上均呈现先上升后下降的趋势，其中男性死亡发生率在各年均高于女性。总体上来看，男性年均降幅为0.8%，女性年均降幅为0.4%。

男性0-18岁年龄段跌倒坠落死亡发生率略有上升，但上升幅度较小。19-39岁和40-59岁年龄段跌倒坠落死亡发生率呈下降趋势。60-85岁年龄段跌倒坠落死亡发生率呈现先上升后下降的趋势，且发生率在各年均高于其他年龄段。

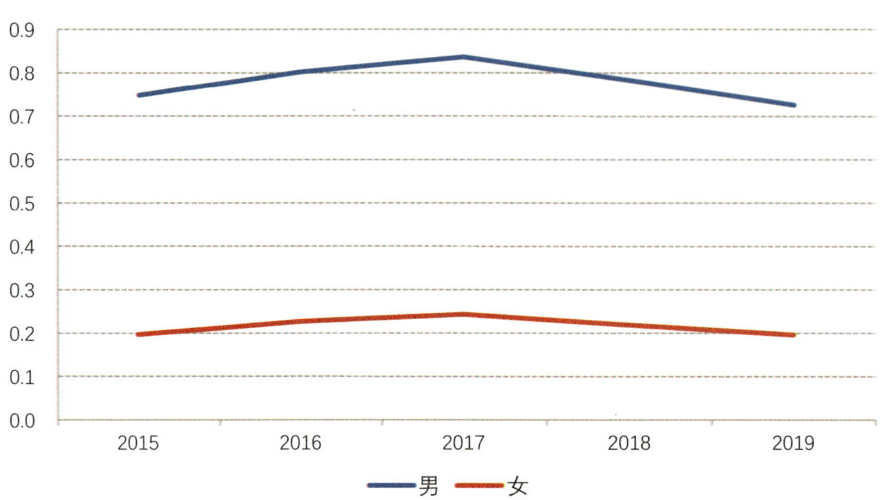

图 5.3.8　2015-2019 年普通意外险跌倒坠落死亡发生率趋势图（单位：1/10000）

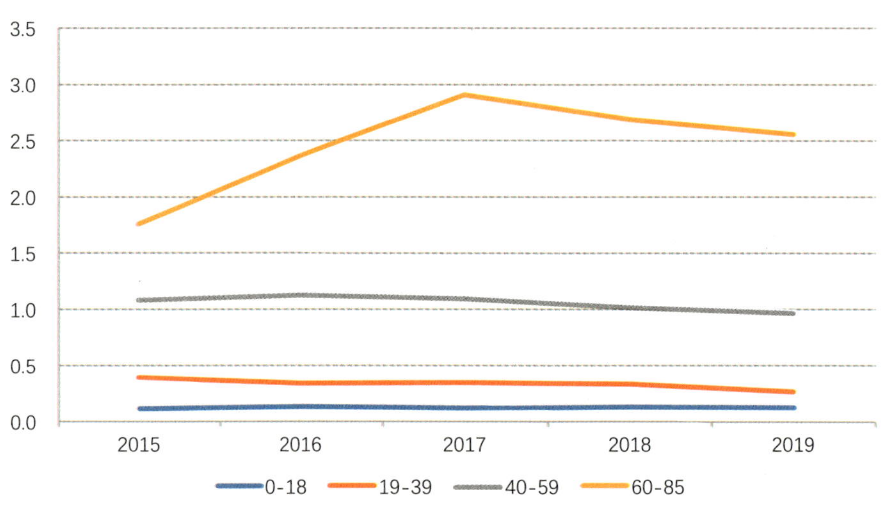

图 5.3.9　2015-2019 年男性分年龄段普通意外跌倒坠落死亡发生率趋势图（单位：1/10000）

女性 0-18 岁、19-39 岁和 40-59 岁年龄段跌倒坠落死亡发生率整体上均呈现下降趋势。60-85 岁年龄段跌倒坠落死亡发生率呈现先上升后下降的趋势，且各年死亡发生率均远高于其他年龄段。

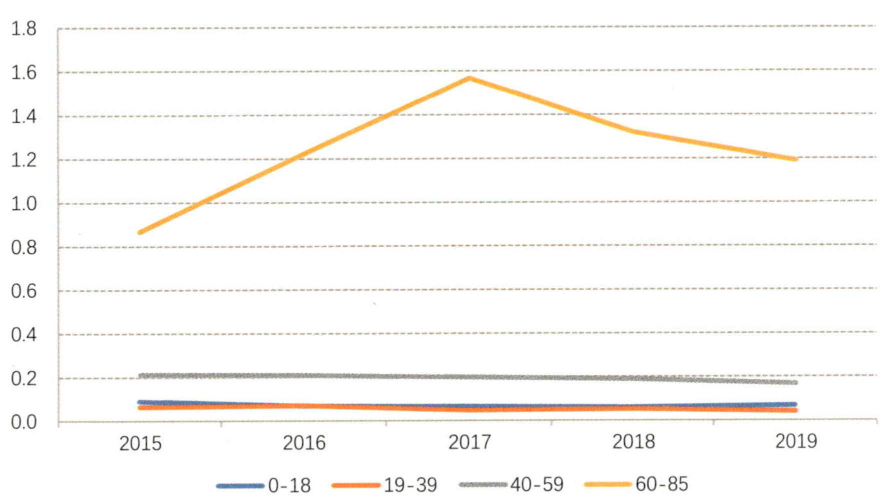

图 5.3.10　2015-2019 年女性分年龄段普通意外跌倒坠落死亡发生率趋势图（单位：1/10000）

5.3.2.4　溺水

2015-2019 年，男性和女性的溺水死亡发生率均呈现先上升后下降的趋势，其中男性的死亡发生率在各年均高于女性。男性的年均降幅为 6.6%，女性的年均涨幅为 2.2%。

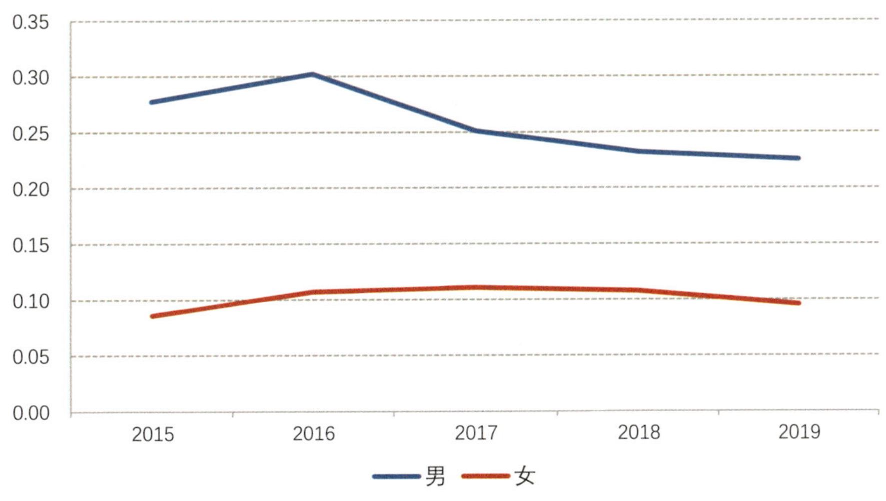

图 5.3.11　2015-2019 年普通意外溺水死亡发生率趋势图（单位：1/10000）

男性 0-18 岁、19-39 岁和 40-59 岁年龄段的溺水死亡发生率除了个别年份的波动外整体上呈现下降的趋势，0-18 岁年龄段的下降趋势更为明显。60-85 岁年龄段的溺水死亡发生率呈现先上升后下降的趋势，但发生率总体上还是有所上升，年均涨幅为 6.1%。

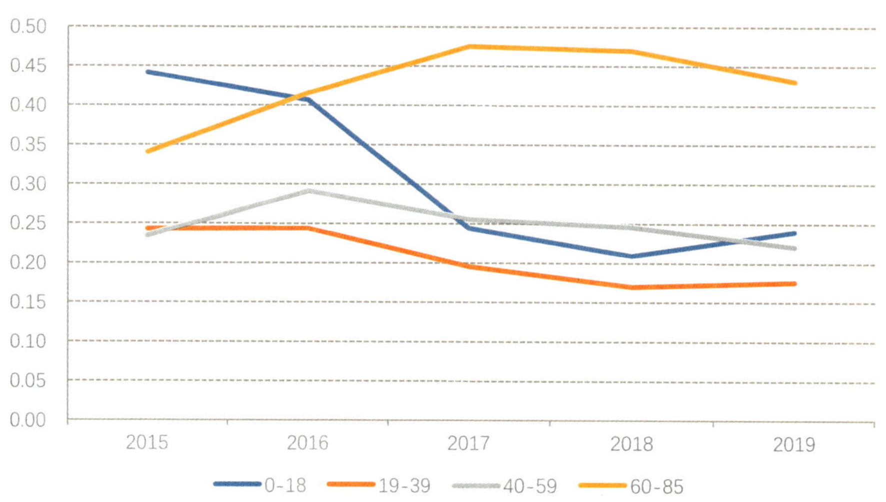

图 5.3.12　2015-2019 年男性分年龄段普通意外溺水死亡发生率趋势图（单位：1/10000）

女性 0-18 岁、19-39 岁和 40-59 岁年龄段的溺水死亡发生率总体上呈现下降趋势，0-18 岁年龄段下降趋势更为明显，年均降幅为 7.9%，19-39 岁和 40-59 岁年龄段的死亡发生率在波动中缓慢下降。60-85 岁年龄段的溺水死亡发生率呈现先上升后下降的趋势，但发生率总体上还是有所上升，年均涨幅为 26.9%，2016 年及以后各年 60-85 岁年龄段的溺水死亡发生率均远高于其他年龄段。

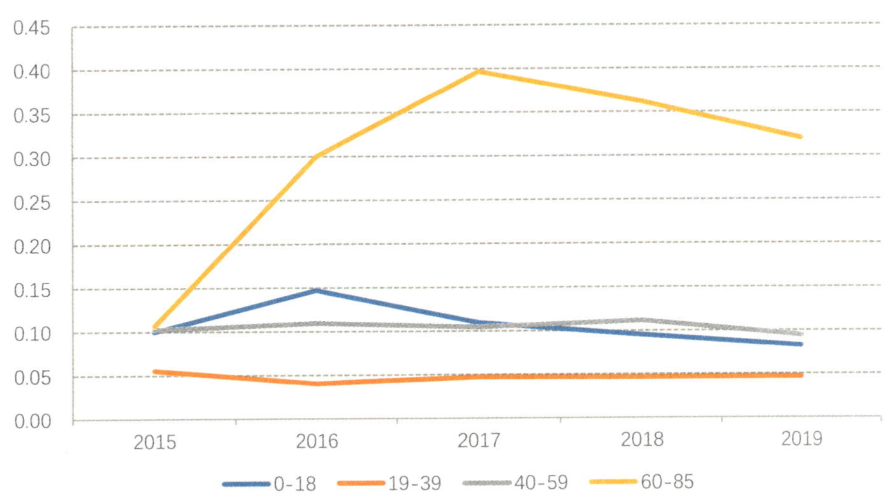

图 5.3.13　2015-2019 年女性分年龄段普通意外溺水死亡发生率趋势图（单位：1/10000）

5.3.2.5　无生命机械力量[①]

2015-2019 年，男性和女性的无生命机械力量死亡发生率均略有上升，其中男性发生率远高于女性，可能与男性工作性质有关。男性年均涨幅为 0.9%，女性年均涨幅为 8.4%。

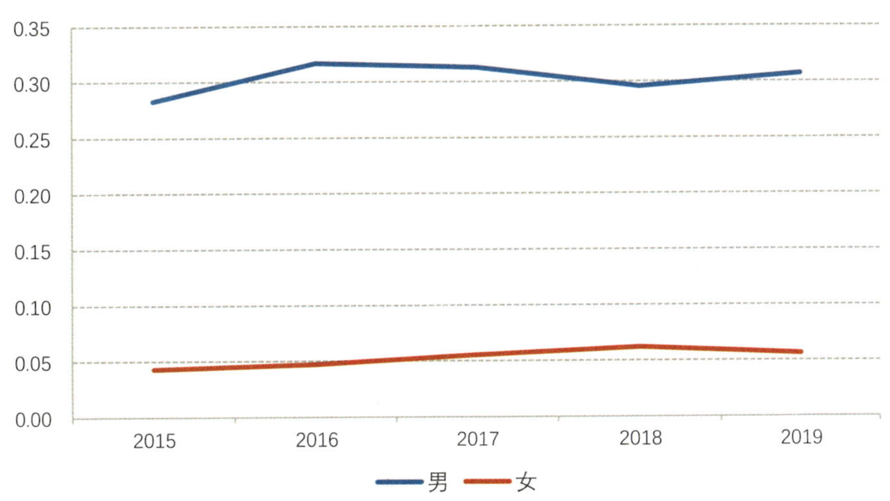

图 5.3.14　2015-2019 年普通意外无生命机械力量死亡发生率趋势图（单位：1/10000）

① 无生命机械力量指排除他人加害及自杀自残，被无生命物体机械性损伤，如砸伤、割伤、刺伤等。

男性 0-18 岁、19-39 岁和 40-59 岁年龄段的无生命机械力量死亡发生率在五年中有所波动，整体上没有明显上升或下降趋势。60-85 岁年龄段的发生率在 2017 年以前迅速上升，在 2016 年超过 40-59 岁年龄段，并在之后缓慢下降，但总体呈上升趋势，年均涨幅为 13.0%。

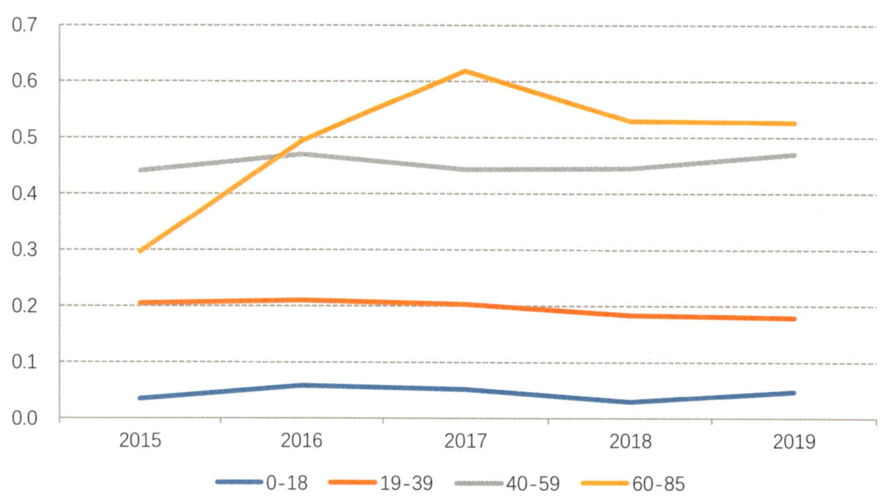

图 5.3.15　2015-2019 年男性分年龄段普通意外无生命机械力量死亡发生率趋势图
（单位：1/10000）

女性 0-18 岁和 19-39 岁年龄段的死亡发生率总体呈上升趋势，年均涨幅分别为 23.0% 和 10.4%。40-59 岁年龄段的死亡发生率在波动中略有上升。60-85 岁年龄段的死亡发生率在 2017 年以前上升较快，并在之后开始下降，2016 年以后其死亡发生率远高于其他年龄段。

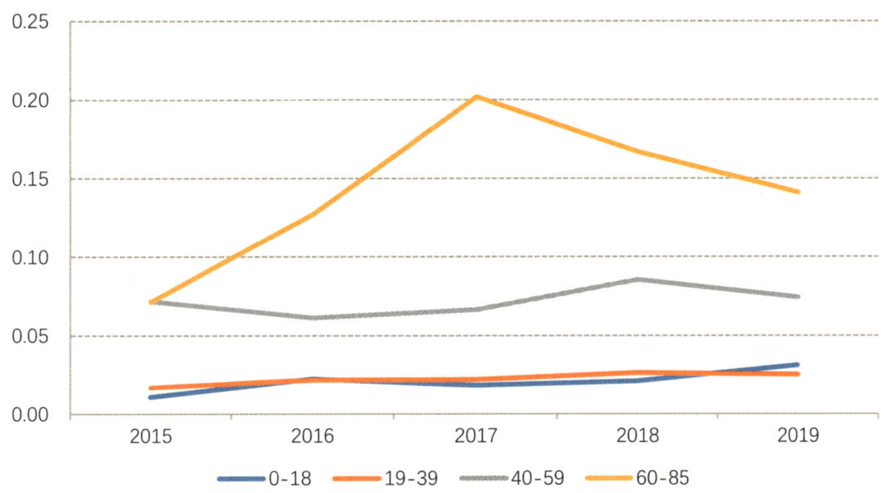

图 5.3.16　2015-2019 年女性分年龄段普通意外无生命机械力量死亡发生率趋势图（单位：1/10000）

5.3.2.6　其他[①]

2015-2019 年，男性和女性的普通意外其他原因死亡发生率整体均呈现下降趋势。其中，男性的年均降幅为 3.0%，女性的年均降幅为 5.0%。

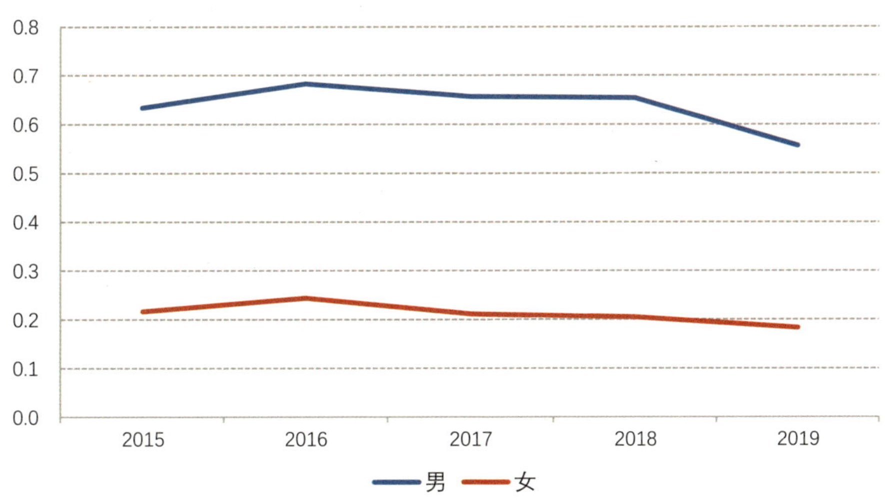

图 5.3.17　2015-2019 年普通意外其他原因死亡发生率趋势图（单位：1/10000）

① 其他指除了交通意外、跌倒坠落、溺水、无生命机械力量以外的其他意外原因，如有生命机械力量、电流辐射和极度气温损害等。

男性 0-18 岁、19-39 岁和 40-59 岁年龄段的其他原因死亡发生率整体上均呈现下降的趋势，60-85 岁年龄段的死亡发生率在 2017 年以前上升，并在之后下降。总体来看，年龄越大，其他原因死亡发生率越高。

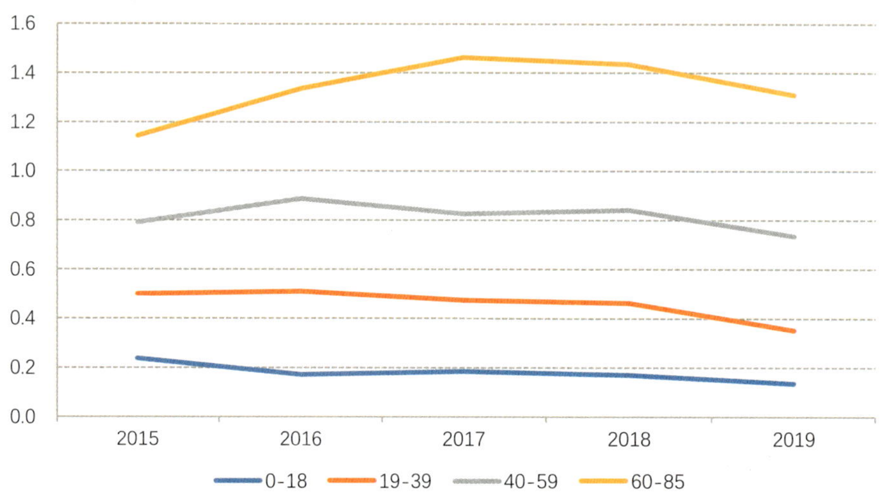

图 5.3.18　2015-2019 年男性分年龄段普通意外其他原因死亡发生率趋势图（单位：1/10000）

女性各年龄段的其他原因死亡发生率大体上呈现下降的趋势，其中 19-39 岁年龄段的死亡发生率下降趋势最为明显，年均降幅为 10.3%。其他年龄段死亡发生率在五年间略有波动。

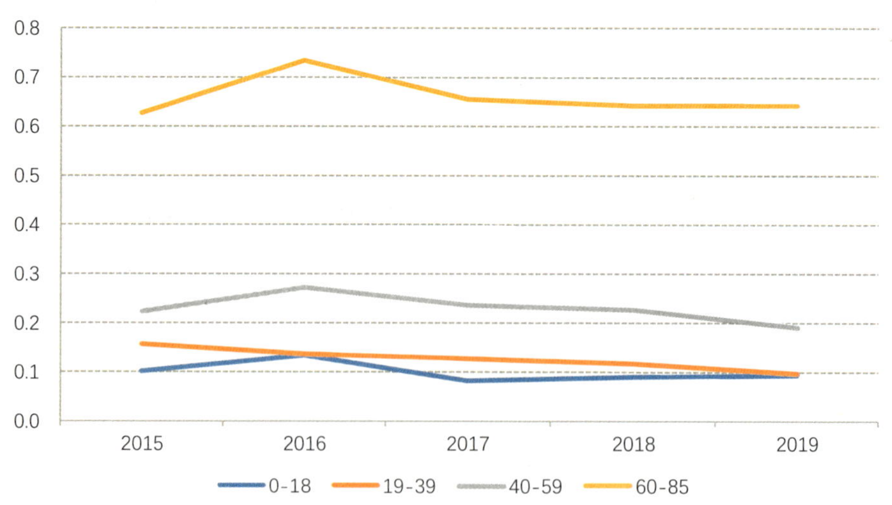

图 5.3.19　2015-2019 年女性分年龄段普通意外其他原因死亡发生率趋势图（单位：1/10000）

5.3.3 学平少儿趋势分析

本节通过分性别、分意外原因的维度来分析学平少儿险意外死亡发生率趋势。

5.3.3.1 学平少儿整体趋势分析

2015-2019 年，男性和女性的学平少儿险意外死亡发生率均呈下降趋势，其中男性的下降趋势更为明显，年均降幅为 12.8%，女性年均降幅为 7.9%。男性死亡发生率在各年均高于女性且差距不断缩小。

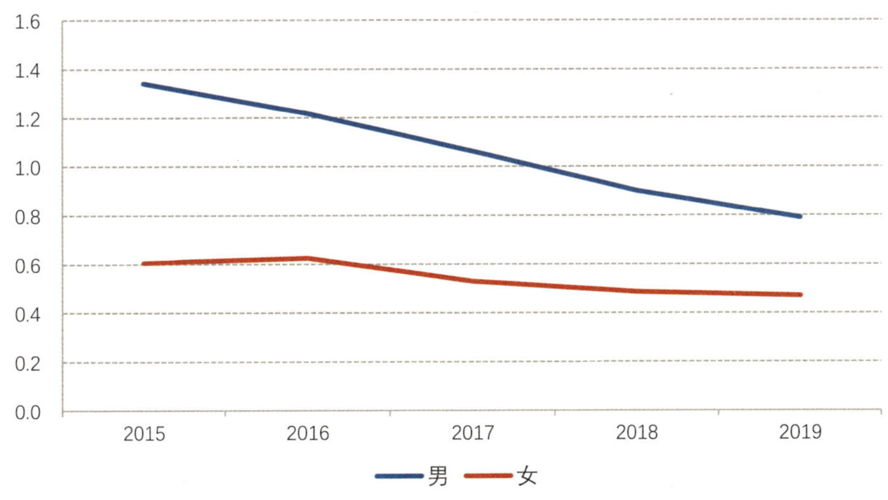

图 5.3.20　2015-2019 年学平少儿意外死亡发生率趋势图（单位：1/10000）

5.3.3.2 交通意外

2015-2019 年，男性和女性的学平少儿险交通意外死亡发生率均呈下降趋势，男性年均降幅为 11.2%，女性年均降幅为 7.6%。总体来看，男性交通意外死亡发生率高于女性。

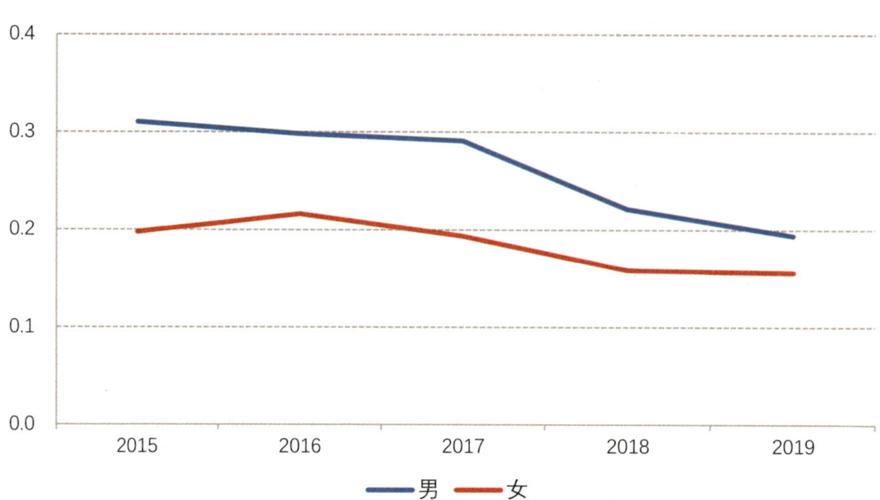

图 5.3.21　2015-2019 年学平少儿交通意外死亡发生率趋势图（单位：1/10000）

5.3.3.3　跌倒坠落

2015-2019 年，男性学平少儿险跌倒坠落死亡发生率呈下降趋势，年均降幅为 6.1%。女性学平少儿险跌倒坠落死亡发生率在 5 年间有所波动，无明显下降趋势。总体来看，男性跌倒坠落死亡发生率高于女性。

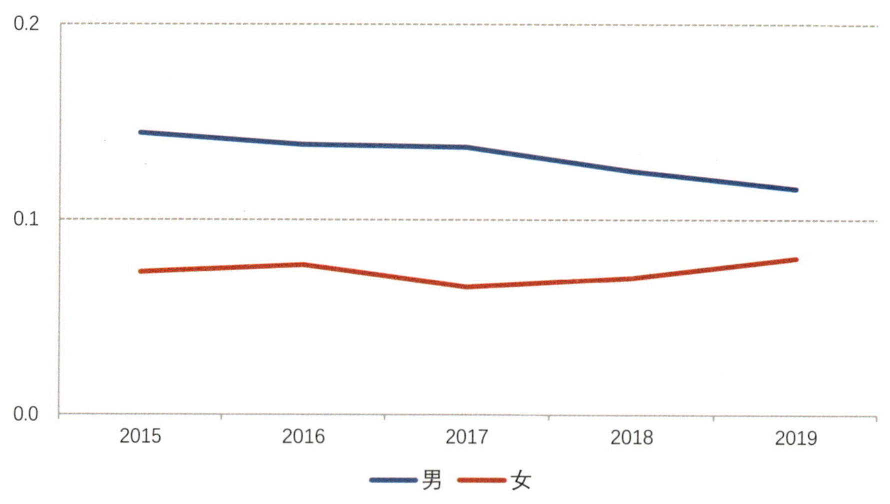

图 5.3.22　2015-2019 年学平少儿跌倒坠落意外死亡发生率趋势图（单位：1/10000）

5.3.3.4　溺水

2015-2019 年，男性和女性的学平少儿险溺水死亡发生率均逐年下降，男性死亡发生率在各年均高于女性，且两者之间的差距逐渐缩小。男性年均降幅为 16.4%，女性年均降幅为 13.1%。

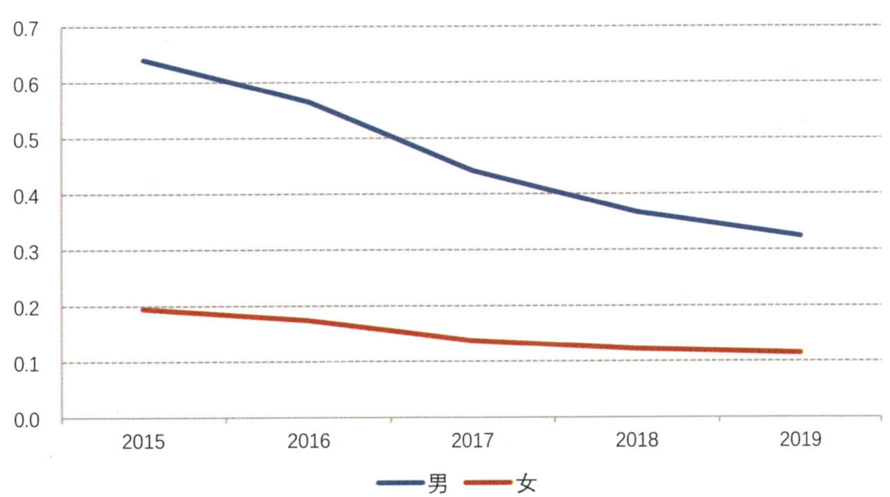

图 5.3.23　2015-2019 年学平少儿险溺水意外死亡发生率趋势图（单位：1/10000）

5.3.3.5　无生命机械力量

2015-2019 年，男性学平少儿险无生命机械力量死亡发生率在波动中呈下降趋势，年均降幅为 9.9%。女性死亡发生率同样呈下降趋势，年均降幅为 7.2%。男性各年发生率均高于女性。

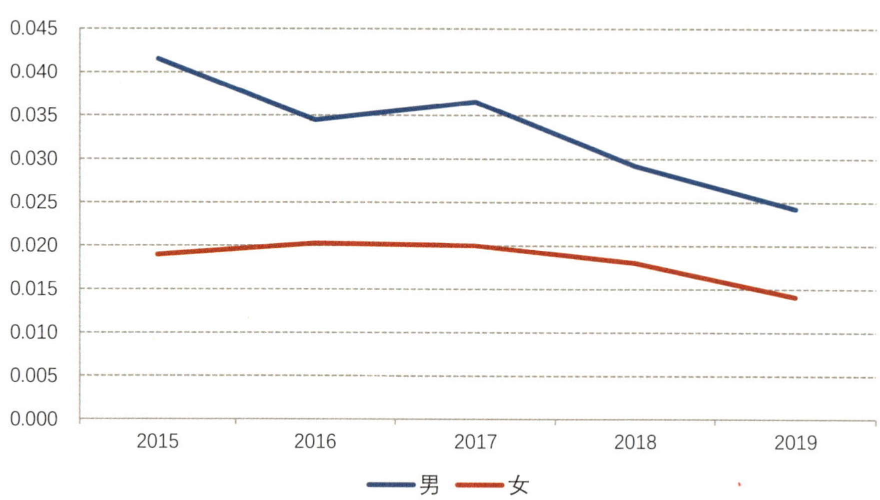

图 5.3.24　2015-2019 年学平少儿险无生命机械力量意外死亡发生率趋势图（单位：1/10000）

5.3.3.6　其他

2015-2019 年，男性和女性学平少儿险其他原因的死亡发生率均呈下降趋势，男性年均降幅为 9.8%，女性年均降幅为 5.4%。

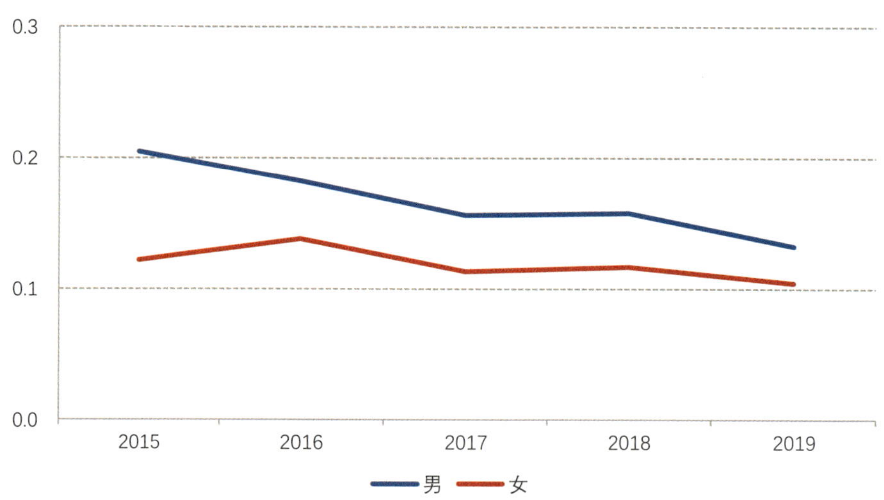

图 5.3.25　2015-2019 年学平少儿险其他原因意外死亡发生率趋势图（单位：1/10000）

5.3.4 加入趋势后与实际经验对比

本节采用加入趋势后的 2019 年意外死亡发生率的预测数据和 2019 年意外死亡发生率的实际经验数据进行对比，比较其中的差异，判断趋势因子的可靠性。结果显示普通意外和学平少儿的 2019 年预测结果与实际结果差异很小，可以采用趋势因子进行 2021 年的预测。

5.3.4.1　普通意外结果对比

2019 年普通意外死亡发生率的预测值和实际值很接近，实际值和预测值的绝对差异均不超过 0.05/ 万。

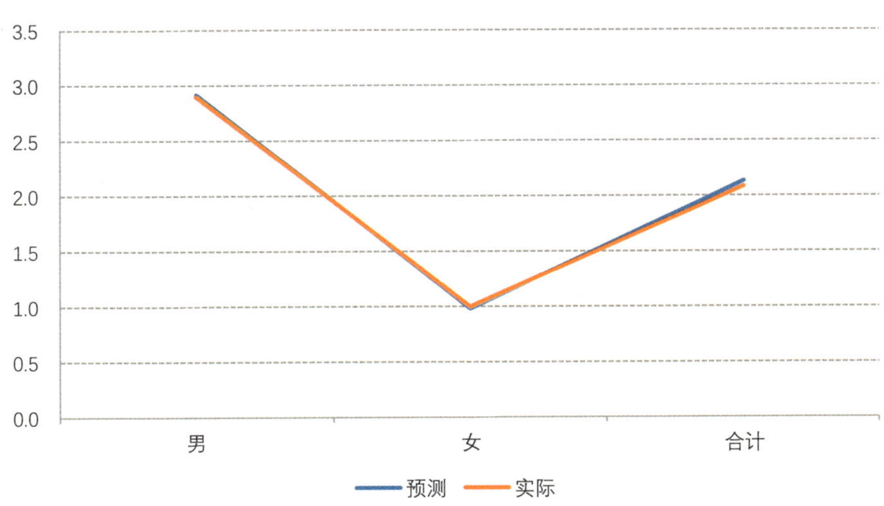

图 5.3.26　2019 年普通意外死亡发生率预测与实际对比（单位：1/10000）

2019 年男性各年龄段的普通意外死亡发生率的预测值和实际值基本一致，绝对值差异均在 0.1/ 万以内。

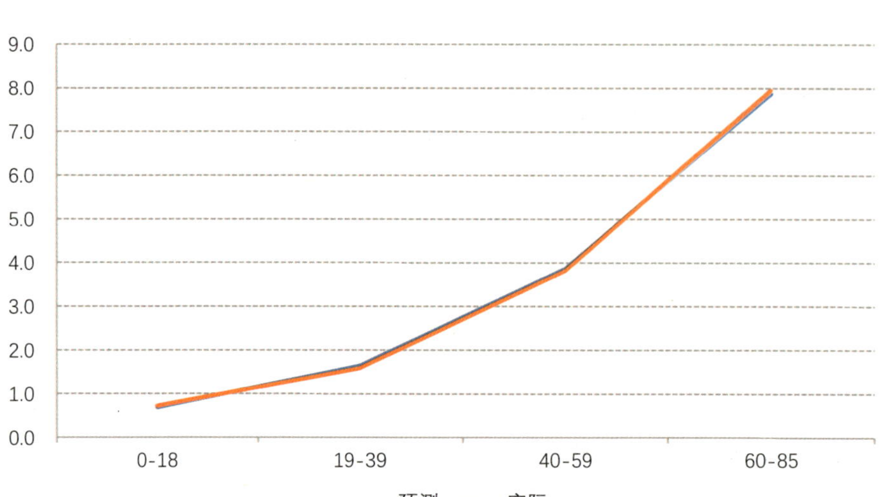

图 5.3.27　2019 年男性普通意外死亡发生率预测与实际对比（单位：1/10000）

2019 年女性各年龄段的普通意外死亡发生率的预测值和实际值基本一致，绝对差异基本在 0.04/ 万以内。

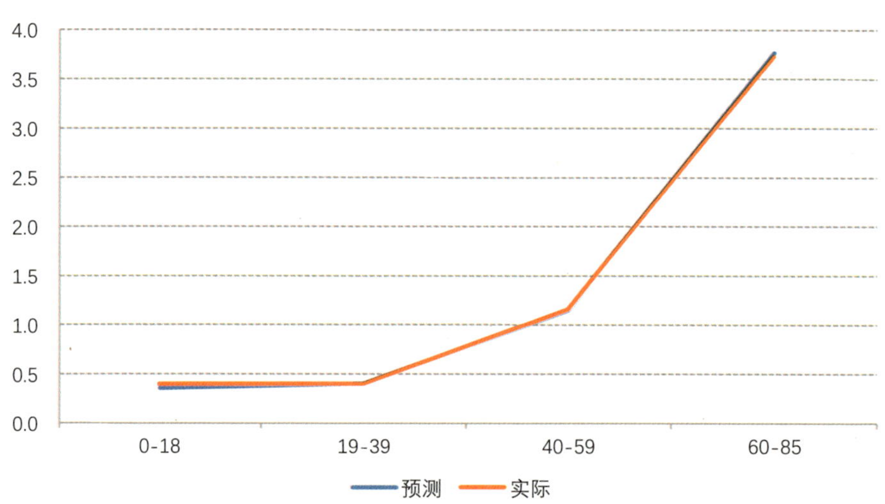

图 5.3.28　2019 年女性普通意外死亡发生率预测与实际对比（单位：1/10000）

5.3.4.2　学平少儿结果对比

2019 年学平少儿死亡发生率的预测值和实际值基本一致，实际值和预测值的绝对差异均不超过 0.02/ 万，预测值整体上略大于实际值。

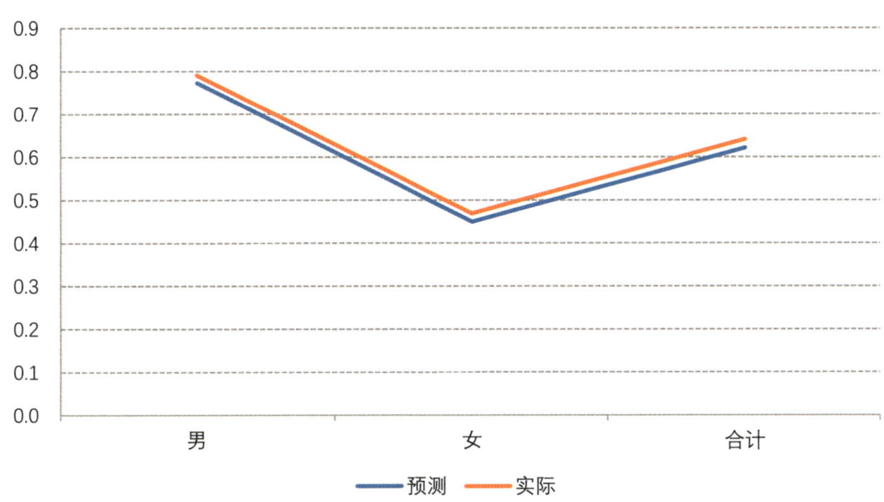

图 5.3.29　2019 年学平少儿意外死亡发生率预测与实际对比（单位：1/10000）

第6章

意外残疾率分析

6.1 整体分析

本小节主要针对符合 2013 年中国保险行业协会发布的《人身保险伤残评定标准》的粗发生率进行分析。

2013 年中国保险行业协会发布的《人身保险伤残评定标准》对功能和残疾进行了分类和分级，将人身保险伤残程度划分为一至十级，最重为第一级，最轻为第十级。与人身保险伤残程度等级相对应的保险金给付比例分为十档，伤残程度第一级对应的保险金给付比例为 100%，伤残程度第十级对应的保险金给付比例为 10%，每级相差 10%。且纳入测算的绝大部分产品条款中有如下说明：当同一保险事故导致两处或两处以上伤残时，仅按其中一处的伤残等级给付伤残保险金；如果各处的伤残等级不完全相同且最重的伤残等级所对应的伤残只有一处，按最重的伤残等级所对应的保险金给付比例给付伤残保险金；如果各处的伤残等级完全相同或最重的伤残等级所对应的伤残有两处或两处以上，将该伤残等级在原基础上晋升一级（但最高晋升至第一级），并按晋升后的伤残等级所对应的保险金给付比例给付伤残保险金。同一部位和性质的伤残，不能采用 2013 年中国保险行业协会发布的《人身保险伤残评定标准》条文两条以上或者同一条文两次以上进行评定。

由于不同残疾等级的赔付比例不同，残疾等级的发生率口径存在 2 种，一种是每件不同残疾等级的赔案均计为 1 的简单加总发生率，另一种是考虑不同残疾等级赔付比例后的加权加总发生率，第二种发生率因与赔付比例相关也可以理解为损失率。在分析某单一等级的残疾发生率时，主要使用第一种发生率口径，在分析混合残疾等级发生率时，推荐使用第二种发生率口径。

6.1.1 普通意外整体分析

整体而言，普通意外险 0-15 岁残疾发生率相对平稳，16-59 岁呈现上升趋势，60 岁以上残疾发生率男性呈现下降趋势，女性基本平稳；0-72 岁男性残疾发生率均高于女性，72 岁后女性残疾发生率高于男性。

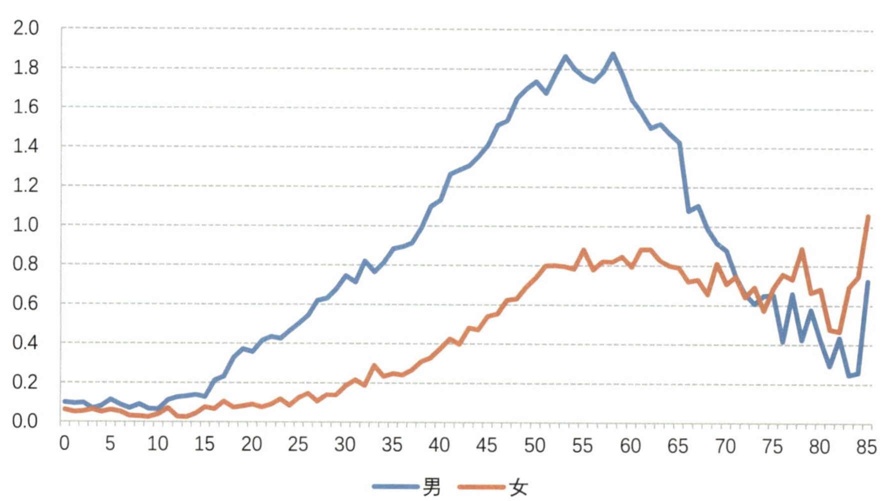

图 6.1.1 2015-2019 年新残标普通意外残疾发生率图[①]

6.1.2 学平少儿整体分析

学平少儿险 0-3 岁残疾发生率呈现上升趋势；男性 4-11 岁残疾发生率呈现上升趋势，15-18 岁呈现下降趋势；女性 4-18 岁残疾发生率呈现下降趋势；男性残疾发生率高于女性。

① 图 6.1.1、图 6.1.2 基于粗发生率作图，未进行相关调整。由于 50 岁之后样本数偏少，图 6.1.1 中 50 岁之后的发生率曲线仅作参考。

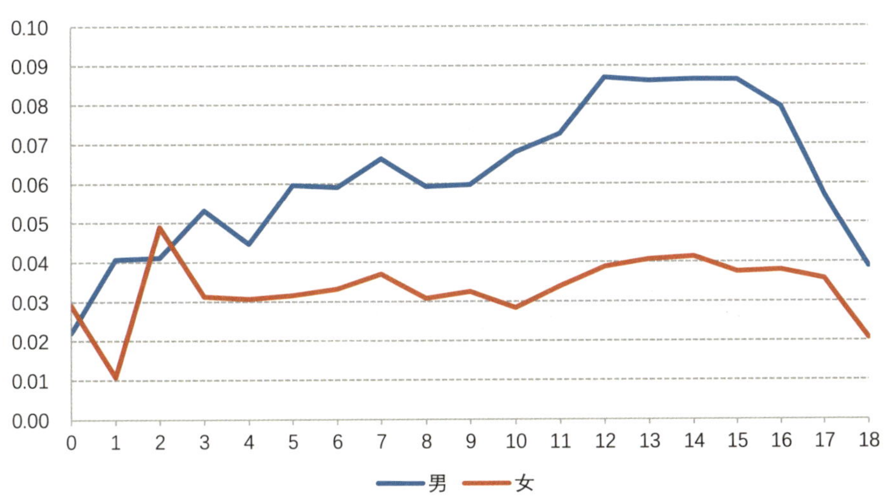

图 6.1.2　2015-2019 年新残标学平少儿意外残疾发生率图

6.2 残疾等级分析

本节分析意外残疾发生率和残疾等级之间的关联性。首先分析男性和女性在不同残疾等级之间发生率的差异性。然后拓展维度，分析各等级残疾发生率同年龄、会计年度、职业等级和地区之间的关系，所有分析均区分普通意外险和学平少儿险。文中所展示的发生率仅指意外残疾发生率，不含意外身故发生率，单位以十万分之一计，且对地区、职业等级和会计年度等维度做了年龄标化处理。

随着残疾等级的增高，男性和女性意外残疾发生率呈现先下降后升高的趋势，其中 1 级[①] 和 7-10 级的意外残疾发生率较高，2-6 级较低且趋势平缓，显示意外残疾大部分集中在较严重的 1 级和较轻的 7-10 级。其中男性意外残疾发生率高于女性，整体上约为女性的 2.5 倍[②]。

根据残疾等级的严重程度，下文将 1 级、2-6 级、7-10 级残疾分别简称为重度、中度和轻度残疾。下面从年龄、会计年度、职业等级、地区等维度分析意外残疾发生率在各残疾等级上的差异性。

① 保险行业将意外残疾分为 10 个等级，残疾严重程度从 1 级到 10 级依次递减，从赔付比例来看，1 级赔付 100% 保额，残疾每增加一个等级，赔付比例减少 10%。

② 此处为绝对发生率相比，不是发生率的对数相比。

图 6.2.1　2015-2019 年分残疾等级意外残疾发生率对数对比图

6.2.1 普通意外残疾等级分析

6.2.1.1　年龄

随着年龄的增长，普通意外险男性三个等级残疾发生率均呈现先上升后下降的特征，其中 15 岁之前的发生率较为平缓。从 15 岁开始，男性三个等级的意外残疾发生率开始快速上升，并分别在 58、58 和 53 岁达到峰值，随后又开始下降。女性重度和中度残疾发生率缓慢上升，到高龄段又略微下降，高龄段波动较大，下降趋势不明显。女性轻度残疾发生率先缓慢上升，到 55 岁达到峰值，随后又缓慢下降。无论是男性还是女性，轻度残疾的峰值年龄均略小，中度和重度残疾的峰值年龄均略大。

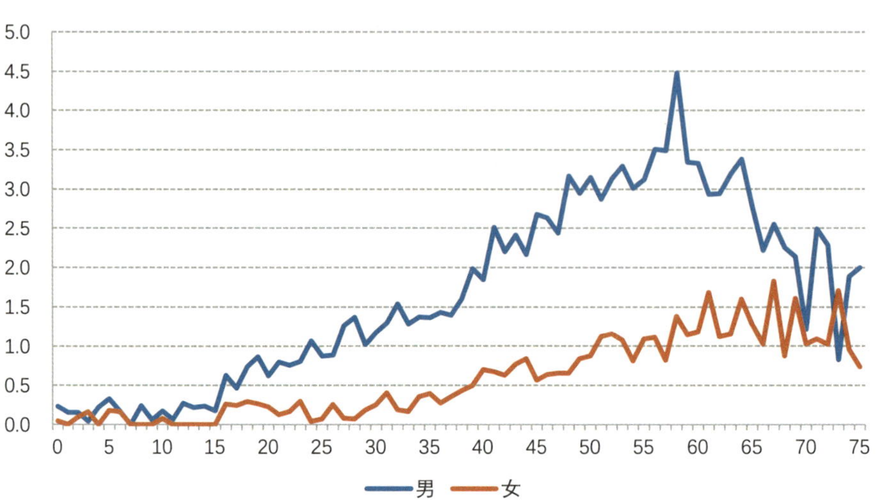

图 6.2.2　2015-2019 年分年龄普通意外重度残疾发生率图[①]

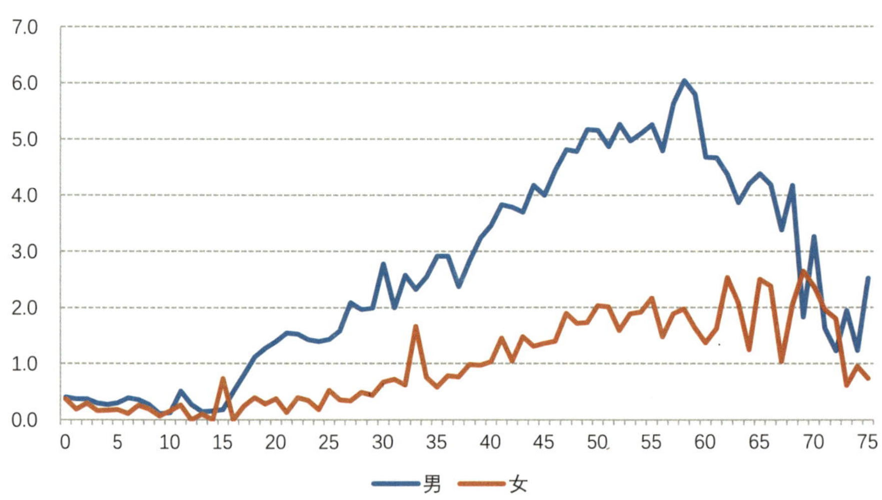

图 6.2.3　2015-2019 年分年龄普通意外中度残疾发生率图

① 图 6.2.2- 图 6.2.4 基于粗发生率作图，未进行相关调整。由于 50 岁之后样本数偏少，图中 50 岁之后的发生率曲线仅作参考。

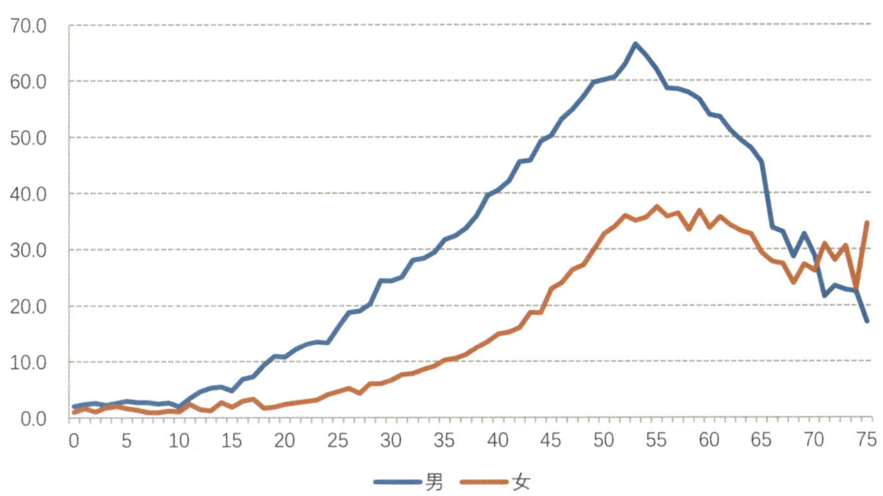

图 6.2.4　2015-2019 年分年龄普通意外轻度残疾发生率图

为更全面地分析年龄和残疾等级对残疾发生率的影响，下面对普通意外险不同年龄段的残疾发生率进行横向比较。将整个年龄区间分为四段，分别为 0-19 岁、20-39 岁、40-59 岁和 60 岁以上人群。

各等级残疾发生率在 0-19 岁、20-39 岁和 40 岁以上年龄段依次升高。40-59 岁在 1-3 级的残疾发生率略低于 60 岁以上人群的发生率，而在 4-10 级的残疾发生率略高于 60 岁以上人群的残疾发生率。

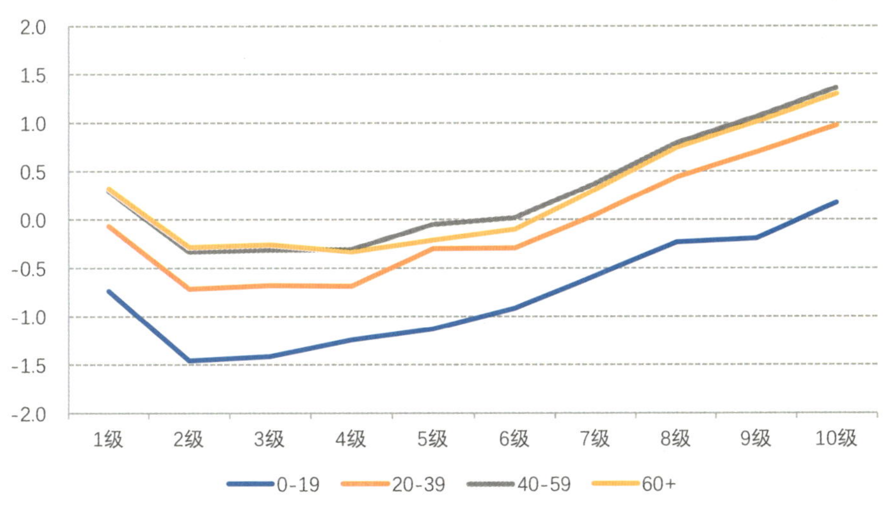

图 6.2.5　2015-2019 年分年龄段普通意外各等级残疾发生率对数图

6.2.1.2 会计年度

通过分析不同残疾等级下意外残疾发生率和会计年度之间的关系，可以得出意外残疾发生率的变化趋势，本节图表展示的是各年度发生率和 2015 年发生率的比值。

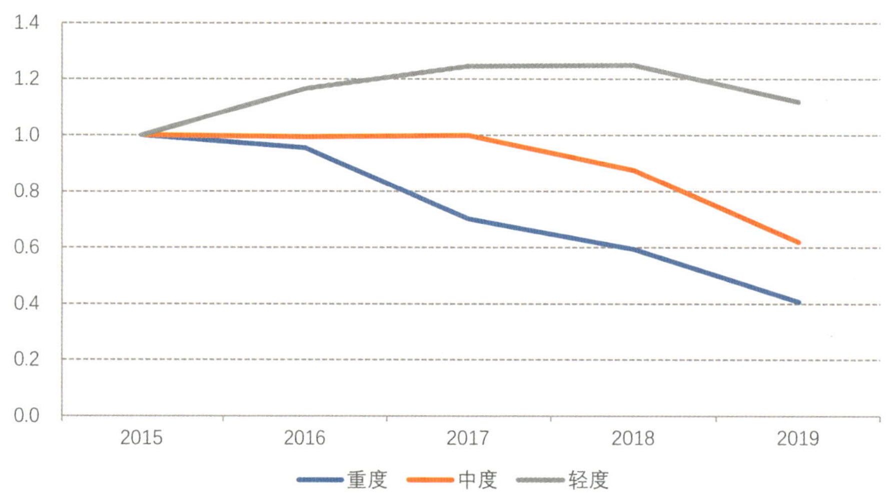

图 6.2.6 2015-2019 年分会计年度男性普通意外各等级残疾发生率趋势图

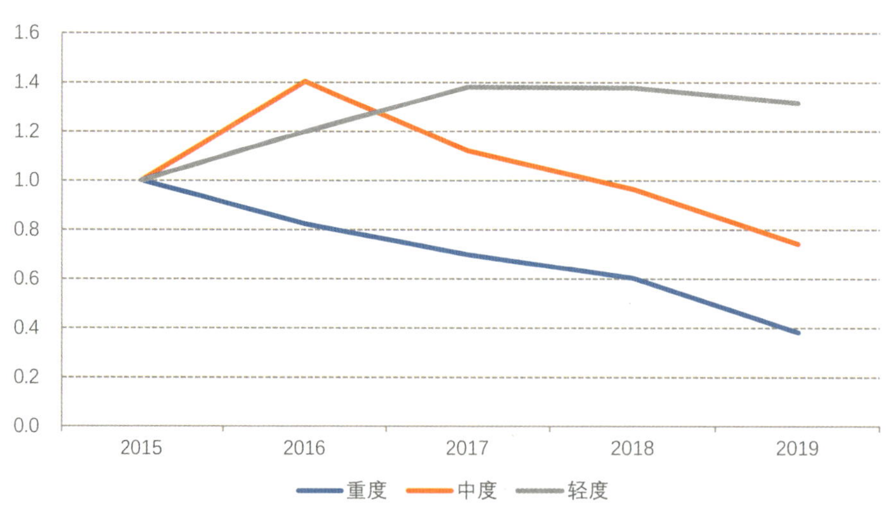

图 6.2.7 2015-2019 年分会计年度女性普通意外各等级残疾发生率趋势图

对于普通意外险，男性重度和中度残疾发生率呈下降趋势，轻度残疾发生率先缓慢上升，后缓慢下降。女性除了中度残疾发生率在 2016 年有所抬头之外，其余的趋势和男性类似。这表明男性和女性行业普通意外险重度和中度残疾发生率整体呈改善趋势，但对于轻度残疾发生率今后改善还是恶化，还有待持续观察。

6.2.1.3　职业风险等级

另一个重要维度是职业风险等级（简称职业等级），随着职业等级的升高，职业的危险系数也在上升。男性三个等级的残疾发生率随职业等级的升高基本呈升高趋势。尤其是重度残疾，残疾发生率和职业等级之间近似呈线性关系。中度残疾的 6 级职业残疾发生率明显升高[①]，轻度残疾的 4-6 级职业残疾发生率也明显升高[②]。男性残疾发生率和职业等级之间存在显著的相关性。女性除了重度残疾之外，中度和轻度残疾基本呈现了低等级职业残疾发生率偏低、高等级职业残疾发生率偏高的特征。

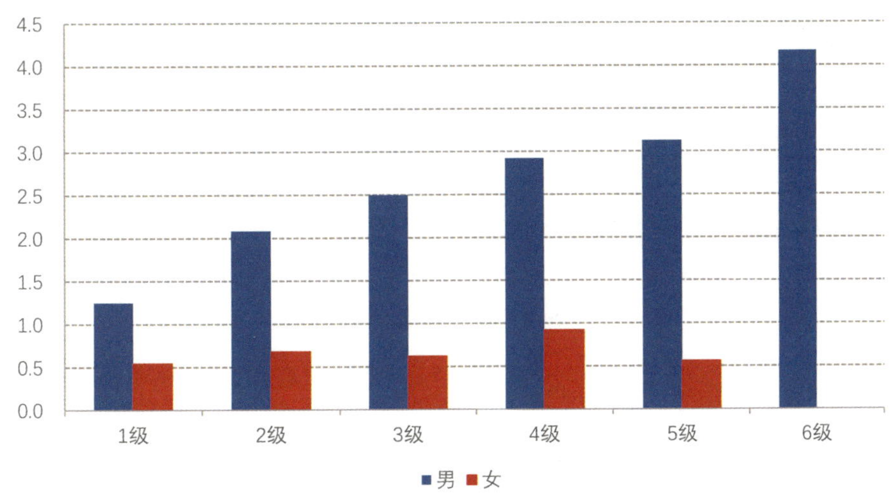

图 6.2.8　2015–2019 年分职业风险等级普通意外重度残疾发生率分布图[③]

① 6 级职业主要有快递员、采矿工、高速公路清洁工等；

② 4 级职业主要有保安、精神科医生、装卸工等；5 级职业主要有弹药研究人员、武打演员等；6 级职业详见脚注①所示。

③ 6 级职业女性样本数量较少，不足以进行统计分析，因此图中暂不展示 6 级职业女性的发生率。

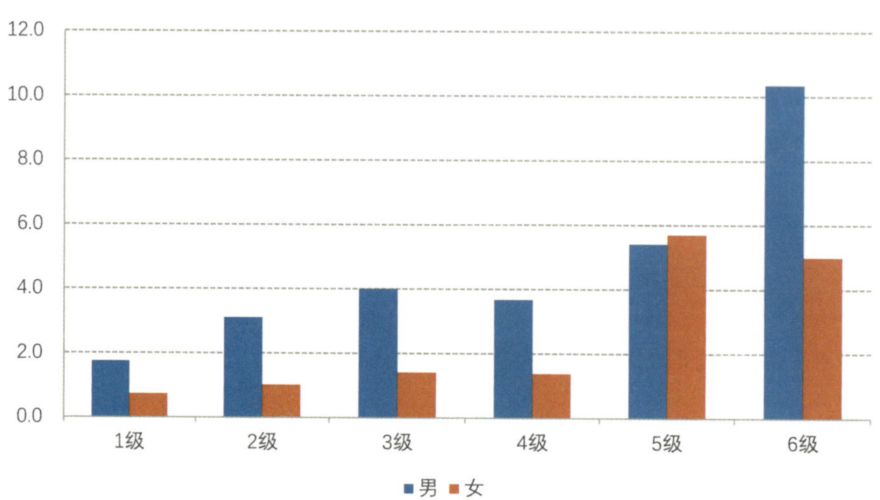

图 6.2.9　2015-2019 年分职业风险等级普通意外中度残疾发生率分布图

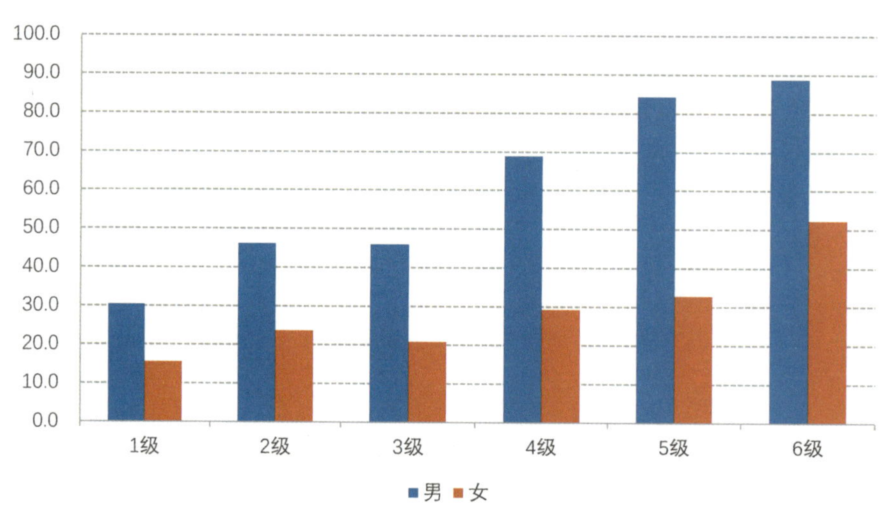

图 6.2.10　2015-2019 年分职业风险等级普通意外轻度残疾发生率分布图

6.2.1.4 销售地区

下面从地区的角度对各等级残疾发生率进行分析。对于重度残疾，男性华中地区发生率最高，其次是东北地区，华南地区最低。女性东北地区最高，其次是华东地区，西北地区最低。对于中度残疾，男性东北地区最高，其次是华中地区，华南地区最低。女性西南地区最高，其次是华东地区，西北地区最低。对于轻度残疾，男性西南地区最高，其次是华东地区，华南地区最低。女性华东地区最高，其次是西南地区，华北地区最低。可以看出，华南地区男性在所有残疾等级上均处于最低位，而西北地区女性在所有残疾等级上均处于或接近最低位（除轻度残疾略高于华北地区之外）。无论男性还是女性，不同残疾等级之间最高位的地区差异较大，其中男性在重、中、轻三档残疾等级上最高位分别为华中、东北和西南地区，而女性分别为东北、西南和华东地区。

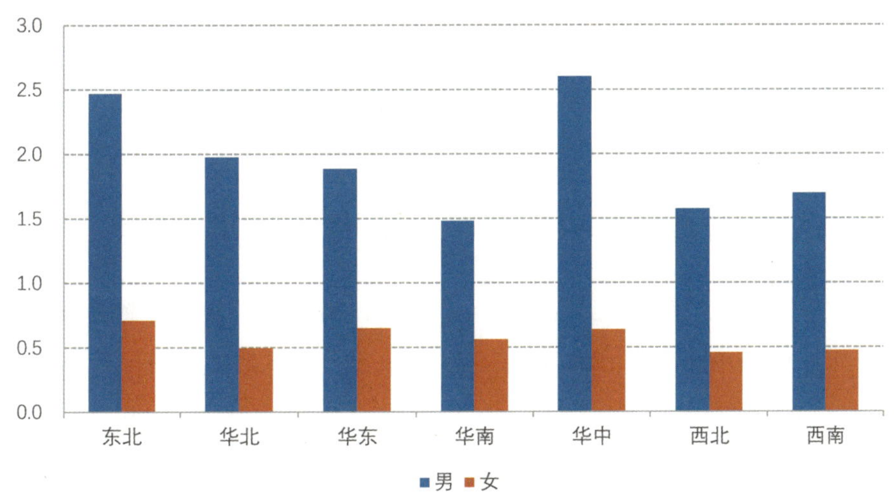

图 6.2.11　2015–2019 年分地区的普通意外重度残疾发生率分布图

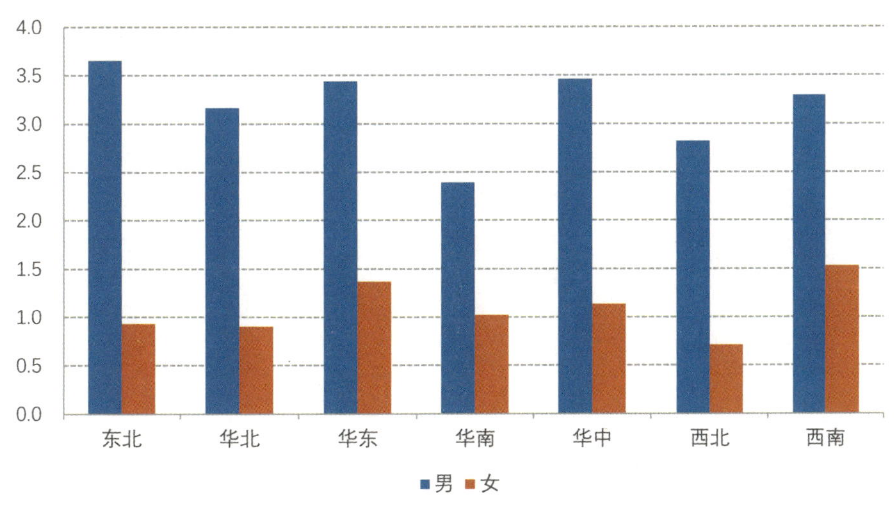

图 6.2.12　2015–2019 年分地区的普通意外中度残疾发生率分布图

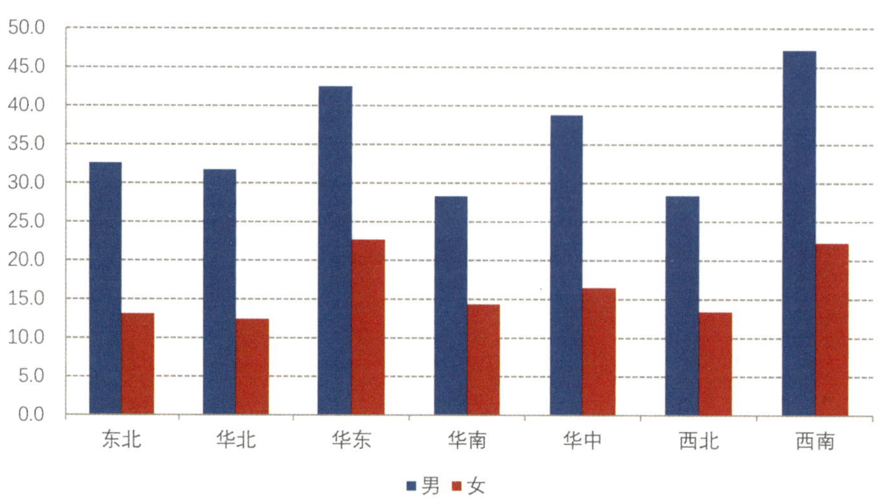

图 6.2.13　2015-2019 年分地区的普通意外轻度残疾发生率分布图

6.2.1.5　产品类型

以普通意外险残疾发生率水平 100% 为基准，借款人、农村小额及家庭意外险的整体意外残疾发生率水平均低于普通意外险，性别及年龄段间指数差异不明显（女性借款人意外险保单较少数据量不足）。该结论恰好与意外死亡指数相反，体现出借款人、农村小额及家庭意外险的被保人发生意外事故后致死率相对较高而致残率相对较低。

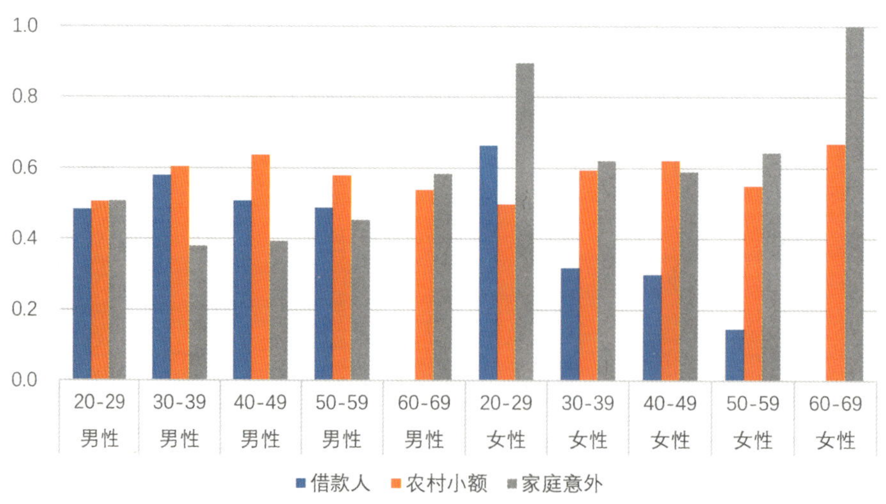

图 6.2.14　2015-2019 年分产品类型的意外残疾发生率分布图

6.2.2 学平少儿残疾等级分析

6.2.2.1　年龄

学平少儿男性重度和中度残疾发生率波动较大，总体呈现“两头高、中间低”的特点；轻度残疾发生率曲线相对平稳，呈现先上升后下降的趋势，其中男性曲线变化更为明显。

图 6.2.15　2015–2019 年分年龄学平少儿重度残疾发生率图[①]

① 图 6.2.15– 图 6.2.17 基于粗发生率作图，未进行相关调整。

图 6.2.16　2015–2019 年分年龄学平少儿中度残疾发生率图

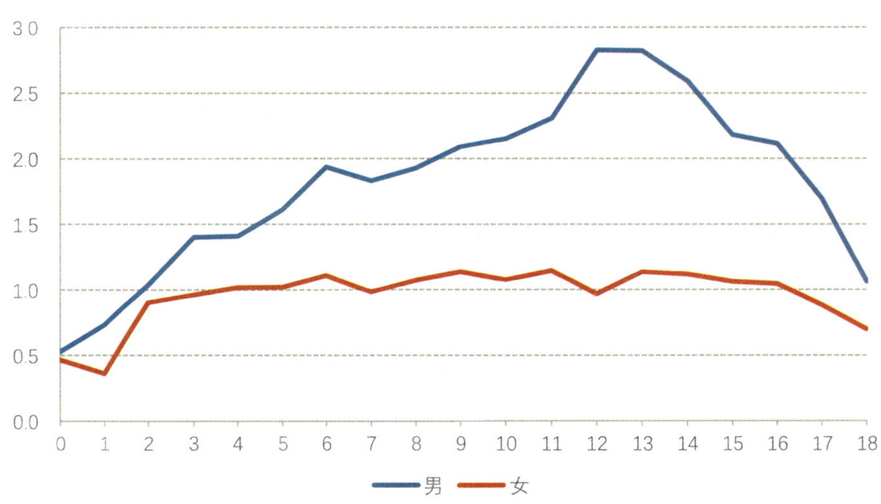

图 6.2.17　2015–2019 年分年龄学平少儿轻度残疾发生率图

6.2.2.2　会计年度

对于学平少儿险，男性重度残疾发生率呈下降趋势，其中 2015-2016 年、2018-2019 年下降较为明显，2016-2018 年下降较为缓慢。男性中度残疾发生率在 2016 年略有抬头，在后续年份持续下降。男性轻度残疾发生率先缓慢上升后缓慢下降，总体变动不大，对于轻度残疾发生率未来的发展趋势，还需持续跟踪观察。女性重度残疾发生率 2015-2018 年上升，2019 年下降，且下降幅度超过了前四年上升的幅度。女性中度残疾发生率在 2016 年略有抬头，后续年份呈下降趋势，和男性中度残疾发生率的趋势较为接近。女性轻度残疾发生率在波动中呈缓慢上升趋势，五年内升高了 20%，需要密切跟踪。

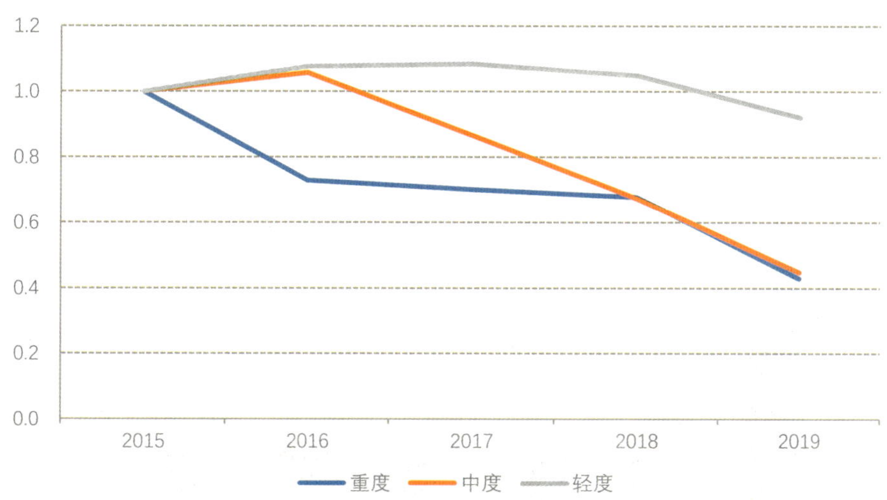

图 6.2.18　2015–2019 年分会计年度学平少儿男性各等级残疾发生率趋势图

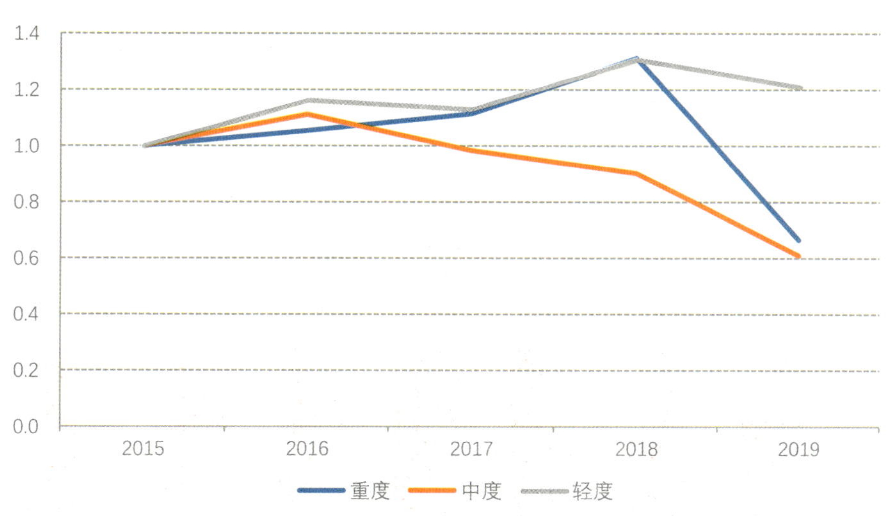

图 6.2.19　2015–2019 年分会计年度学平少儿女性各等级残疾发生率趋势图

6.2.2.3 销售地区

对于重度残疾，男性东北地区发生率最高，且远高于其他地区，其次是华北地区，华东地区最低。女性东北地区最高，其次是华北地区，华南地区最低。对于中度残疾，男性西南地区最高，其次是华南地区，东北地区最低。女性华中地区最高，其次是西北地区，华北地区最低。对于轻度残疾，男性华东地区最高，其次是西南地区，华北地区最低。女性华东地区最高，其次是西南地区，华北地区最低。

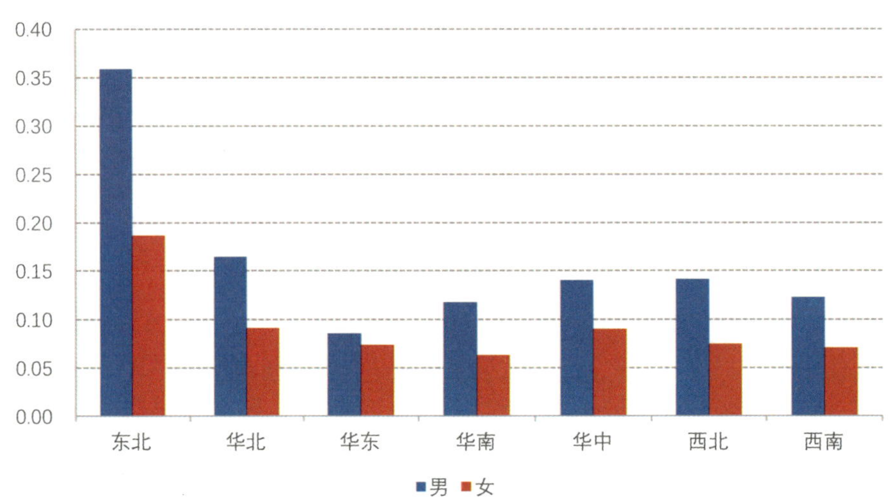

图 6.2.20　2015-2019 年分地区学平少儿重度残疾发生率分布图

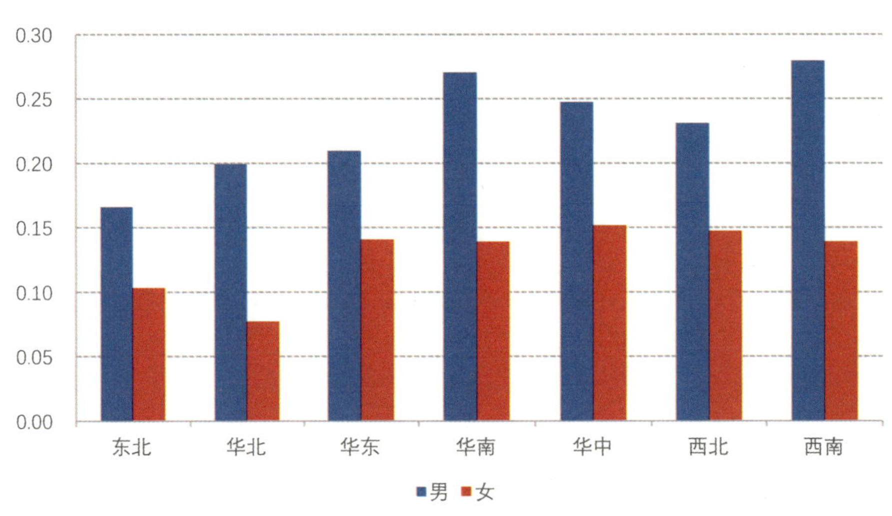

图 6.2.21　2015-2019 年分地区学平少儿中度残疾发生率分布图

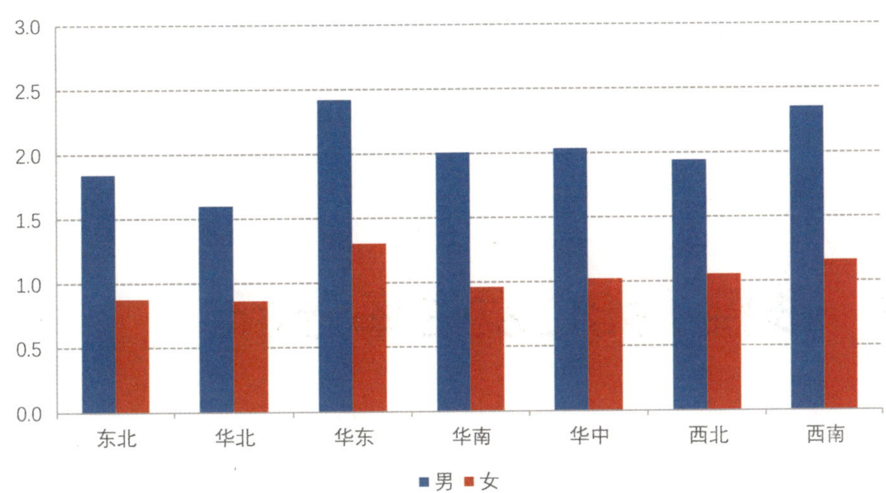

图 6.2.22　2015-2019 年分地区学平少儿轻度残疾发生率分布图

6.3 残疾 / 死亡发生率分析

6.3.1 整体分析

本节主要针对 2015-2019 年普通意外险和学平少儿险的残疾 / 死亡发生率比值进行分析。

6.3.1.1 普通意外险整体分析

2015-2019 年，普通意外险残疾 / 死亡发生率比值整体随年龄增加先上升后下降，其中，在 30 岁以前呈现上升趋势，30-50 岁之间相对平稳，50 岁以后呈现下降趋势。在 30 岁以后，女性的残疾 / 死亡发生率比值高于男性。

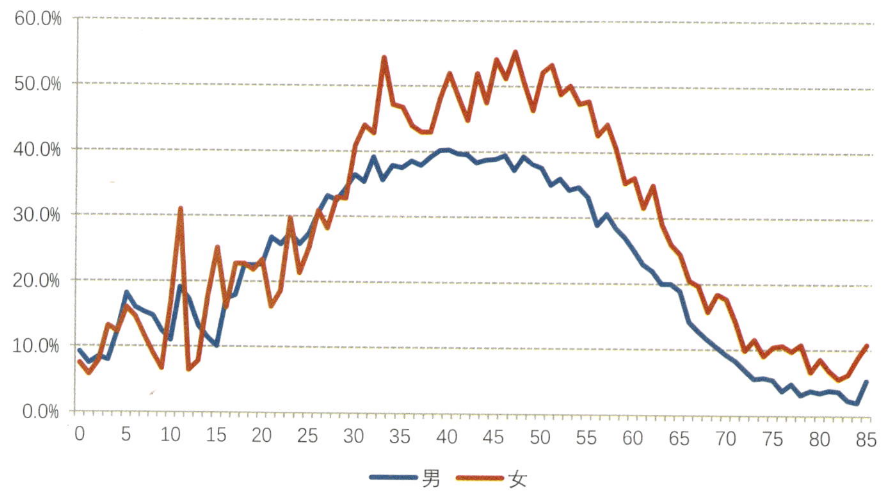

图 6.3.1　2015-2019 年分性别普通意外险残疾 / 死亡发生率比值图

6.3.1.2　学平少儿险整体分析

2015-2019 年，学平少儿险残疾 / 死亡发生率比值整体随年龄增加而上升，且在 3 岁之前波动较大，男性与女性的残疾 / 死亡发生率比值整体差异不大。

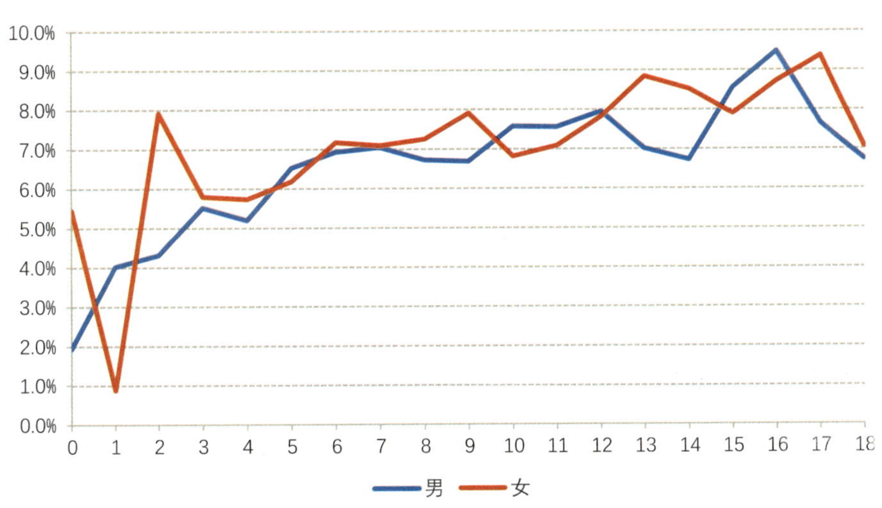

图 6.3.2　2015-2019 年分性别学平少儿险残疾 / 死亡发生率比值图

6.3.2 普通意外险残疾 / 死亡发生率分析

6.3.2.1　会计年度

自 2016 年起，普通意外险残疾 / 死亡发生率比值呈现出略微下降趋势，2019 年下降比较明显，男性、女性规律基本一致。女性的残疾 / 死亡发生率比值高于男性。

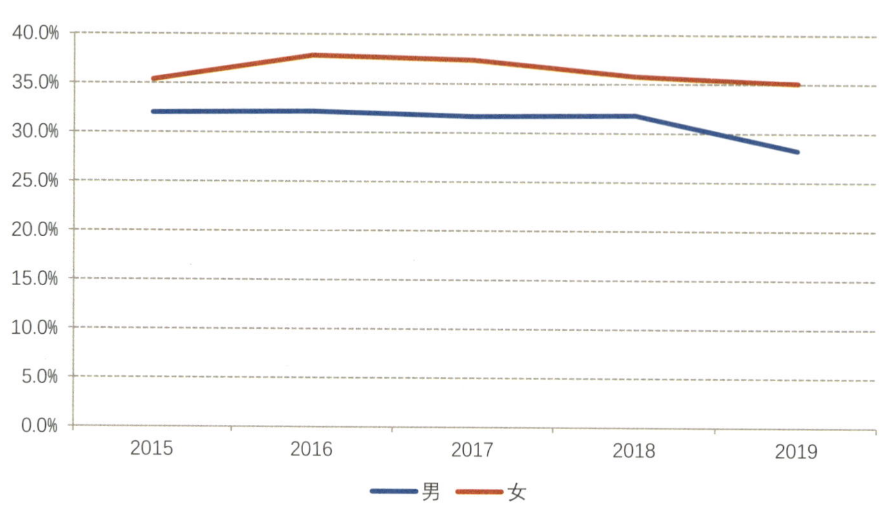

图 6.3.3　2015-2019 年分会计年度普通意外险残疾 / 死亡发生率比值图

6.3.2.2　销售地区

2015-2019 年，普通意外险西北地区的残疾 / 死亡发生率比值低于其他地区，华东地区的残疾 / 死亡发生率比值高于其他地区。各地区女性的残疾 / 死亡发生率比值均高于男性。

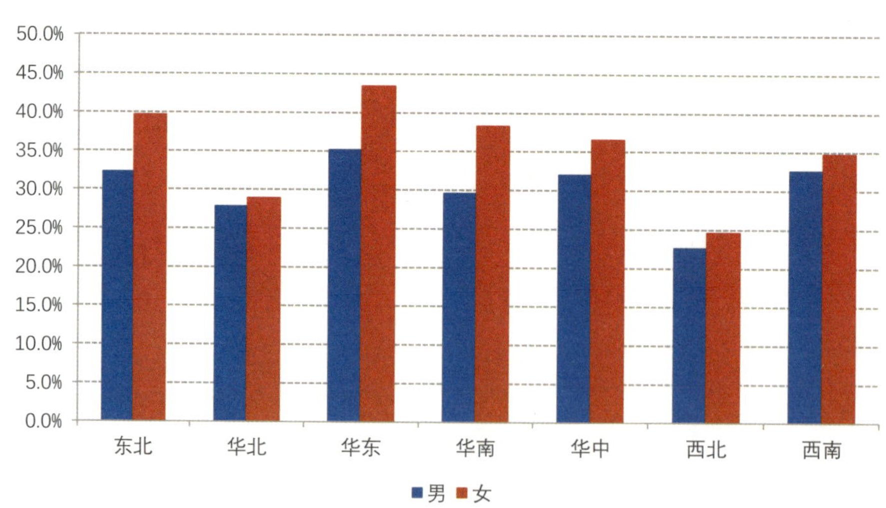

图 6.3.4　2015-2019 年分地区普通意外险残疾 / 死亡发生率比值图

6.3.2.3　职业等级

2015-2019 年，普通意外险中各职业等级按残疾 / 死亡发生率比值由高到低排序男性依次为其他（包含职业等级 5 级和 6 级）、4 级、2 级、3 级和 1 级；女性依次为其他（包含职业等级 5 级和 6 级）、2 级、4 级、3 级和 1 级。

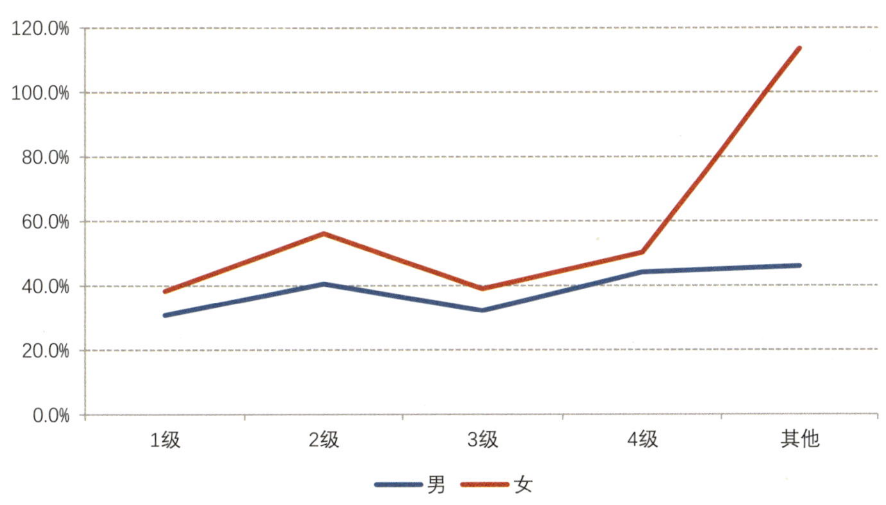

图 6.3.5　2015-2019 年分职业等级残疾 / 死亡发生率比值图

6.3.3　学平少儿险残疾 / 死亡发生率分析

6.3.3.1　会计年度

2015-2018 年，学平少儿险残疾 / 死亡发生率比值呈现出上升趋势，2019 年较 2018 年下降比较明显，男性、女性规律基本一致。

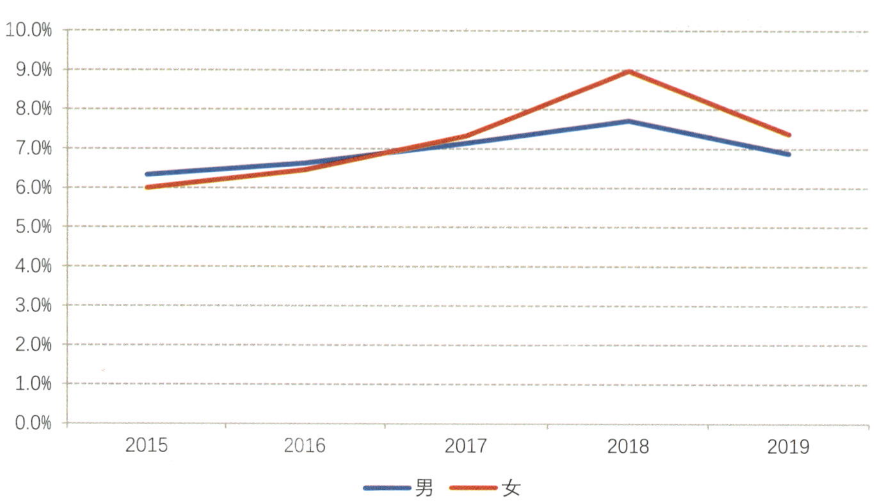

图 6.3.6　2015-2019 年分会计年度学平少儿险残疾 / 死亡发生率比值图

6.3.3.2　销售地区

学平少儿险西南地区的残疾 / 死亡发生率比值低于其他地区，东北地区的残疾 / 死亡发生率比值高于其他地区。东北、华南、西南地区女性的残疾 / 死亡发生率比值略低于男性，其他各地区女性的残疾 / 死亡发生率比值均略高于男性。

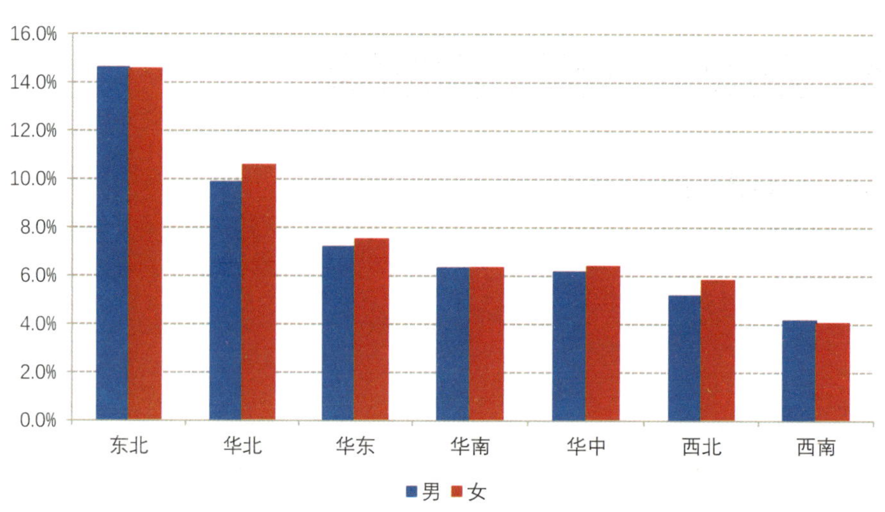

图 6.3.7　2015-2019 年分地区学平少儿险残疾 / 死亡发生率比值图

附录 1　名词解释

一、定义类

1. 意外险

意外险是以被保险人的身体作为保险标的，以被保险人因遭受意外伤害而造成的死亡、残疾、医疗费用支出或暂时丧失劳动能力为给付保险金条件的保险。

本次意外险发生率表的意外险指不区分特定时间和特定人群、保障全场景意外身故和伤残风险的意外险。

2. 新残标

新残标即《人身保险伤残评定标准》，指由中国保险行业协会联合中国法医学会发布的商业保险意外险领域残疾给付的行业标准。

3. 意外伤残给付比例

意外伤残给付比例是指不同伤残等级对应的保险金给付比例，不同残标版本的伤残等级伤残给付比例有所区别。

4. 职业类别

职业类别指以工作性质的同一性为基本原则，对社会职业进行的系统划分与归类。保险公司根据《中华人民共和国职业分类大典》《商业保险职业分类与代码》等标准文件自行制定的被保险人的职业分类。

5. 职业风险等级

职业风险等级是指保险公司根据本公司的职业分类，依据不同职业发生意外事故的风险不同而制定的职业风险等级。

6. 保障类型

普通意外险：指以被保险人因遭受意外伤害造成死亡、伤残或者发生保险合同约定的其他事故为给付保险金条件的人身保险。（包含借款人意外险、农村小额意外险、家庭意外险和一般意外险，但不包括上述老年意外险和学平少儿险）

借款人意外险：保障对象为借款人的普通意外险。

农村小额意外险：保障对象为居住在农村的被保险人，且保额相对较小的意外险。

家庭意外险：指面向家庭成员销售的意外险。

一般意外险：除借款人意外险、农村小额意外险和家庭意外险之外的普通意外险。

学平少儿险：投保年龄在 0-17 岁，保障对象为学生、少儿、儿童、幼儿的意外险。包括学生平安意外险、学生儿童意外险和特定地区学平险。

学生平安意外险：指面向学生销售且投保年龄大于 3 岁的学平少儿险。

学生儿童意外险：指面向学生和儿童销售的学平少儿险。

特定地区学平险：指寿险公司分公司定制的、面向特定地区学生销售的学平少儿险。

老年意外险：投保年龄不低于 50 周岁，保障对象为老人的意外险。

返本自驾险：指在普通意外险的责任基础上，对特定意外场景提供额外保障，且包含固定期间后返还所缴保费的产品。

定期寿险：指按照保险合同约定，以死亡为给付保险金条件，且保险期间为固定期间的人寿保险。

终身寿险：指按照保险合同约定，以死亡为给付保险金条件，且保险期间为终身的人寿保险。

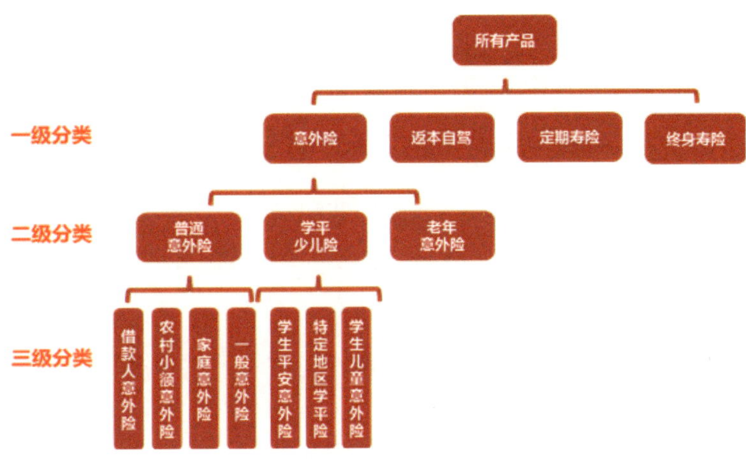

图 1　意外险产品分类示意图

7. 通融给付

通融给付又称“协议给付”，是保险公司理赔业务环节中的一种实务操作，是指根据保险合同约定本不应该承担赔付责任，但保险公司仍赔偿全部或部分保险金的行为。

8. 选择效应 / 逆选择效应

“选择 / 逆选择”是经济学范畴内由于信息不对称而采取的更有利于自身的经济行为所产生的效应。

在人身保险中，逆选择效应是指某一部分客户因为知道自身健康状况较差或存在恶化风险，从而比正常客户更加积极向保险公司投保寻求最大程度转移自身风险的行为。逆选择效应使得投保后的意外风险发生率水平相对较高。

选择效应是指保险公司通过核保手段使得健康状况较差或者潜在风险较高的客户得到一定筛选或者风险补偿，从而使得核保后保单的意外风险发生率水平相对较低。

二、指标类

1. 意外身故发生率

意外身故发生率是指保险合同约定的意外身故事件的发生率，其中意外身故不包括自杀事件。

2. 意外伤残发生率

意外伤残发生率是指保险合同约定的意外伤残事件的发生率。

本报告中，如无指定特定伤残等级的发生率，则意外伤残发生率为各伤残等级的发生率按照意外伤残给付比例加权后的结果。

3. 通融率

通融率是指通融给付案件占所有给付案件（含正常给付和通融给付）的比例。

4. 理赔时滞

理赔时滞是指出险时间到结案时间之间的间隔天数。

5. 发生率指数

发生率指数是指件数口径下，待比较样本组的发生率与行业平均发生率的比值。

三、地区划分

本报告将中国大陆地区划分为 7 大地区，包括东北、华北、华东、华南、华中、西北和西南。对应省市见下表：

表 1　七大地区划分表

地区	省份	地区	省份	地区	省份
东北	黑龙江	华东	安徽	西北	甘肃
	吉林		福建		宁夏
	辽宁		江苏		青海
华北	北京		江西		陕西
	河北		山东		新疆
	内蒙古		上海	西南	贵州
	山西		浙江		四川
	天津	华中	河南		西藏
华南	广东		湖北		云南
	广西		湖南		重庆
	海南				

附录 2 项目数据收集方案

一、数据范围

1. 公司范围

此次收集数据的公司范围包括 56 家保险公司，其中寿险 31 家，财险 25 家。

表 1 项目数据收集公司范围

公司编码	公司名称	公司编码	公司名称
000002	中国人民财产保险股份有限公司	000074	合众人寿保险股份有限公司
000005	中国人寿保险股份有限公司	000075	安华农业保险股份有限公司
000010	中国大地财产保险股份有限公司	000082	太平养老保险股份有限公司
000012	中华联合财产保险股份有限公司	000083	中美联泰大都会人寿保险有限公司
000014	中国太平洋财产保险股份有限公司	000084	平安健康保险股份有限公司
000015	中国太平洋人寿保险股份有限公司	000085	中国人民健康保险股份有限公司
000017	中国平安财产保险股份有限公司	000086	华夏人寿保险股份有限公司
000018	中国平安人寿保险股份有限公司	000092	农银人寿保险股份有限公司
000019	新华人寿保险股份有限公司	000093	阳光财产保险股份有限公司
000020	泰康保险集团股份有限公司	000096	都邦财产保险股份有限公司
000023	史带财产保险股份有限公司	000100	中国人民人寿保险股份有限公司
000024	华安财产保险股份有限公司	000102	国华人寿保险股份有限公司

续表

公司编码	公司名称	公司编码	公司名称
000025	永安财产保险股份有限公司	000108	中国人寿财产保险股份有限公司
000026	太平财产保险有限公司	000110	安诚财产保险股份有限公司
000027	太平人寿保险有限公司	000121	英大泰和人寿保险股份有限公司
000028	中宏人寿保险有限公司	000122	泰康养老保险股份有限公司
000029	建信人寿保险股份有限公司	000124	幸福人寿保险股份有限公司
000031	工银安盛人寿保险有限公司	000127	阳光人寿保险股份有限公司
000034	天安人寿保险股份有限公司	000137	紫金财产保险股份有限公司
000035	中意人寿保险有限公司	000141	中邮人寿保险股份有限公司
000037	友邦保险有限公司	000154	华泰财产保险有限公司
000046	中银保险有限公司	000160	前海人寿保险股份有限公司
000049	中英人寿保险有限公司	000168	吉祥人寿保险股份有限公司
000050	京东安联财产保险有限公司	000173	北部湾财产保险股份有限公司
000060	利宝保险有限公司	000179	众安在线财产保险股份有限公司
000061	富德生命人寿保险股份有限公司	000199	泰康在线财产保险股份有限公司
000068	永诚财产保险股份有限公司	000203	安心财产保险有限责任公司
000072	平安养老保险股份有限公司	000208	新疆前海联合财产保险股份有限公司

2. 产品范围

此次收集数据的产品范围共包括 712 款产品，含意外险（普意、学平、老年意外），定寿、终身寿、两全返本类意外险。

3. 时间范围

此次收集数据的时间范围具体如下：

保单范围：2015 年 1 月 1 日前承保，并在 2015-2019 年有效的保单；以及 2015-2019 年期间生效的保单。

赔案范围：2015 年 1 月 1 日至 2019 年 12 月 31 日间出险，且在 2020 年 6 月 30 日前结案的赔案。

二、数据字段及格式

本次数据收集标准包括产品信息收集和保单信息收集两个部分。

产品信息收集分为两张表：

1.《产品统计表》收集产品销量和赔案量信息；

2.《产品要素表》收集产品分类、包含责任等产品要素信息。

保单信息收集分为三张表：

1.《保单基本信息表》收集每张保单的数据信息，如被保险人生日、性别等；

2.《团单基本信息表》收集团单保单的数据信息，如团单人数、是否无名单等；

3.《保单理赔信息表》收集每个理赔赔案信息，如出险日期、给付类型、出险经过等。

此外，为了标化职业类型及职业等级，同步收集了职业代码映射表。

表 2　产品统计表（承保）

承保统计	
字段名称	说明
公司名称	
产品名称	
渠道	团险 / 个险，团险按被保险人数统计
保险期间	长期 / 一年期
投保年龄段	50-55/56-60/61-65/66-70/71-75/76-80/80+
性别	
保单数	统计 2015-2019 期间有效保单件数

表 3　产品统计表（理赔）

理赔统计	
字段名称	说明
公司名称	
产品名称	
理赔年龄段	50-55/56-60/61-65/66-70/71-75/76-80/80+
性别	
理赔责任	死亡、高残、残疾、医疗、津贴、骨折等
理赔数	统计 2015-2019 期间内理赔件数

表 4　产品要素表

序号	字段类别	字段名	是否主键	是否非空	字段类型	取值范围	备注
1	产品标识	公司代码	Y	Y	字符		
2		产品代码	Y	Y	字符		寿险到产品级别，财险公司到条款级别
3		产品名称	N	Y	字符		
4	产品特征	产品险类	N	Y	字符	定期 / 两全 / 终身 / 年金 / 意外	
5		特殊产品类型	N	Y	字符	普通意外险 / 老年意外险 / 学平险 / 少儿险	
6		保险期间	N	Y	字符	一年期、一年期以内、长期	
7		缴费方式 1	N	Y	字符	年交 / 月交 / 均有	
8		缴费方式 2	N	N	字符	趸交 /3/5/10 年……（仅适用长期险，短期险可设为空）	
9		适用残标版本	N	Y	字符	旧残标 / 新残标 / 均适用	
10	承保标准	投保年龄下限	N	Y	数值	0/18 岁……	
11		投保年龄上限	N	Y	数值	50/55/60/65 岁……	
12		职业范围	N	Y	字符	填写公司自己的职业类别	
13	承保标准	投保最高保额	N	Y	数值	5/10/100 万……（可通过该字段区分不同版本的短期意外险）	

续表

序号	字段类别	字段名	是否主键	是否非空	字段类型	取值范围	备注
14	业务规则	起售日期	N	Y	字符	yyyy/mm/dd	
15		停售日期	N	N	字符	yyyy/mm/dd	
16		主附险标识	N	Y	字符	主险 / 附加险	
17		团个标识	N	Y	字符	个险 / 团险	
18		销售渠道	N	Y	数值	101= 个险 / 个人渠道 102= 个险 – 银邮渠道 103= 个险 – 电话渠道 104= 个险 – 自营网络渠道 105= 个险 – 第三方网络渠道 106= 个险 – 经代个人渠道 107= 个险 – 经代网络渠道 108= 个险 – 其他渠道 201= 团险 – 直销 202= 团险 – 经代渠道 203= 团险 – 其他渠道	
19		基本保额	N	Y	数值	1/5/10 万……	
20	责任类别	疾病身故	N	N	数值	基本保额倍数或返还保费	
21		疾病高残	N	N	数值	基本保额倍数或返还保费	
22		普通意外身故	N	N	数值	基本保额倍数	
23		普通意外伤残 –1 级	N	N	数值	基本保额倍数	
24		普通意外伤残 –2 级	N	N	数值	基本保额倍数	
25		普通意外伤残 –3 级	N	N	数值	基本保额倍数	
26		普通意外伤残 –4 级	N	N	数值	基本保额倍数	
27		普通意外伤残 –5 级	N	N	数值	基本保额倍数	
28		普通意外伤残 –6 级	N	N	数值	基本保额倍数	
29		普通意外伤残 –7 级	N	N	数值	基本保额倍数	
30		普通意外伤残 –8 级	N	N	数值	基本保额倍数	

续表

序号	字段类别	字段名	是否主键	是否非空	字段类型	取值范围	备注
31	责任类别	普通意外伤残 -9 级	N	N	数值	基本保额倍数	
32		普通意外伤残 -10 级	N	N	数值	基本保额倍数	
33		满期给付金额	N	N	数值	基本保额倍数或返还保费	
34		客运汽车意外	N	N	数值	基本保额倍数	
35		非营运机动车（私家车）意外	N	N	数值	基本保额倍数	
36		航空意外	N	N	数值	基本保额倍数	
37		轨道交通意外	N	N	数值	基本保额倍数	
38		轮船意外	N	N	数值	基本保额倍数	
39		网约车意外	N	N	数值	基本保额倍数	
40		电梯意外	N	N	数值	基本保额倍数	
41		火灾意外	N	N	数值	基本保额倍数	
42		重大自然灾害	N	N	数值	基本保额倍数	
43		意外医疗保额	N	N	数值	1/2/5 万……	
44		意外医疗报销范围	N	N	字符	仅社保内 / 不限社保	
45		意外医疗免赔额	N	N	数值	0/50/100 元……	
46		意外医疗报销比例	N	N	数值	80%/90%/100%……	
47		意外住院津贴每日津贴额度	N	N	数值	50/100 元……，可多选	
48		意外住院津贴天数上限	N	N	数值	60/90 天……	
49		意外住院津贴免赔天数	N	N	数值	5/10 天……	
50		意外骨折医疗保险金	N	N	数值	1/2/5 万……	
51		意外骨折一次性津贴保险金	N	N	数值	1/2/5 万……，	

续表

序号	字段类别	字段名	是否主键	是否非空	字段类型	取值范围	备注
52	责任类别	意外骨折住院津贴保险金	N	N	字符	意外骨折住院津贴日额1000/2000 元……，上限30/60 天……（若因骨折部位上限不同，则填写上限的最小值和最大值）	
53		意外骨折定义及给付比例	N	N	字符	文字描述	
54		其他意外身故 / 伤残责任	N	N	字符	文字描述 + 基本保额倍数，如意外烧烫伤、意外走失……	
55		其他特定意外医疗 / 津贴责任	N	N	字符	文字描述，如救护车津贴、传染病医疗、预防接种意外……	

说明	
1	“公司代码”“产品编码”“产品名称”需与报送至保单登记平台的数据一致。
2	如果基本保额倍数或返还保费与年龄相关，请明确写出。
3	如果某些责任身故与高残赔付情况不同，请明确写出。
4	客运汽车指“合法运营、以客运或旅游观光为目的汽车。包括公交车、长途汽车、企事业单位自有巴士、企事业单位班车、校车、旅游巴士、景区巴士”。
5	根据实际情况，同一产品在某个字段上可以填写多个取值的情况，一般均需填写，并用逗号分开。

表 5　保单基本信息表

序号	字段类别	字段名	字段代码	是否主键	是否非空	字段类型	取值范围	备注
1	产品标识	财寿标识	flag	N	Y	字符	1= 财险 2= 寿险	
2		公司代码	companycode	Y	Y	字符		
3		产品代码	product code	Y	Y	字符		寿险到产品级别，财险公司到条款级别
4	保单标识	唯一保单号	grppoliycno、policyno、productno	Y	Y	字符		团体保单号 + 个人保单号 + 个单保险险种号码。该字段联合其他主键字段，用于唯一识别保单下一个被保险人，考虑到各公司主键数量不一致，实际报送时，根据公司实际情况报送满足唯一性的字段，不需要合并为一个字段。
5		个人保单号	policyno	N	Y	字符		
6	被保险人信息	被保险人客户号	insuredno	Y	Y	字符		
7		被保险人证件类型	insuredcerttype	N	Y	字符	1= 身份证 2= 护照 3= 军官证 9= 其他	
8		被保险人证件号码	insuredcertno	N	Y	字符		
9		被保人出生日期	insuredbirthdate	N	Y	日期		
10		被保人性别	insuredsex	N	Y	字符	1= 男 2= 女 9= 未知	

续表

序号	字段类别	字段名	字段代码	是否主键	是否非空	字段类型	取值范围	备注
11	被保险人信息	被保险人职业代码	occupationtype	N	Y	字符		按直保公司原始代码报送，并报送与标准职业代码的映射表
12		被保险人职业描述	occupation	N	N	字符		
13		被保险人职业风险等级	occupationrisk	N	N	字符		
14		被保人投保时年龄	appage	N	Y	数值		
15		被保人社保标识	socialinsuflag	N	Y	字符	1= 有社保 2= 无社保 9= 未知	
16		被保人有无驾照	licensetype	N	Y	字符	1= 有驾照 2= 无驾照 9= 未知	
17		被保人学历	educatelevel	N	Y	字符	1= 博士研究生 2= 硕士研究生 3= 大学本科 4= 大学专科 5= 中等专科 6= 普通高中 7= 职业高中 8= 技校 9= 初中 10= 小学	均以毕业为准，未毕业则记录为低一等学历水平；如：高中肄业则记录为初中
18		被保人婚姻状况	marriagestatus	N	Y	字符	1= 未婚 2= 已婚 3= 离异 4= 丧偶 9= 未知	
19		被保人年收入	salary	N	N	数值		以千为单位记录
20		被保人居民类型代码	residenttype	N	Y	字符	1= 城镇户 2= 农业户 9= 未知	

续表

序号	字段类别	字段名	字段代码	是否主键	是否非空	字段类型	取值范围	备注
21	被保险人信息	被投关系	relationtoappnt	N	Y	字符	1= 本人 2= 子女 3= 父母 4= 配偶 5= 其他亲属 6= 朋友 7= 雇主 8= 雇员 9= 其他 99= 未知	以被保险人为主体，即：被保险人是投保人的 XX
22	保单信息	团单标识	gpflag	N	Y	字符	1= 个单 2= 团单	投保人为非自然人的保单定义为团单
23		团单单位性质	grpnature	N	Y	字符	100= 机关、团体 110= 国家机关 120= 党政机关 130= 社会团体 140= 基层群众自治组织 200= 事业单位 210= 卫生事业 220= 体育事业 230= 社会事业 240= 教育事业 250= 文化艺术业 260= 广播电影电视业 270= 科学研究业 280= 综合技术服务业 300= 企业单位 310= 国有 320= 集体 330= 个体 340= 私有 350= 外资 360= 混合所有制 900= 其他	

续表

序号	字段类别	字段名	字段代码	是否主键	是否非空	字段类型	取值范围	备注
24	保单信息	销售渠道	distribchnl	N	Y	字符	101= 个险 / 个人渠道 102= 个险 – 银邮渠道 103= 个险 – 电话渠道 104= 个险 – 自营网络渠道 105= 个险 – 第三方网络渠道 106= 个险 – 经代个人渠道 107= 个险 – 经代网络渠道 108= 个险 – 其他渠道 201= 团险 – 直销 202= 团险 – 经代渠道 203= 团险 – 其他渠道	
25		保险期间	insuranceperiod_n	N	Y	字符		根据保险年期类型代码、保险年期统一转化为年份： 对于保险年期类型代码为"Y– 保险年数"、"O– 终身"：取保险年期。 对于保险年期类型代码为"M– 保险月数"：取保险年期 /12。 对于保险年期类型代码为"W– 保险周数"：取保险年期 /52。

续表

序号	字段类别	字段名	字段代码	是否主键	是否非空	字段类型	取值范围	备注
25	保单信息	保险期间	insuranceperiod_n	N	Y	字符		对于保险年期类型代码为“D-保险天数”：取保险年期/365。对于保险年期类型代码为“A-保至年龄数”：取保险年期－投保时年龄。保留3位以上小数。
26		交费方式	paymode	N	Y	字符	1=趸交 2=年交 3=半年交 4=季交 5=月交	
27		交费期间	payterm_n	N	Y	字符		根据交费年期类型代码、交费年期统一转化为年份，转换方式与保险期间类似。保留3位以上小数。趸交填写1。
28		标准保费	premium_std	N	Y	数值		每张保单根据保费表计算的保费（不考虑加费因素） 趸交产品填写实际保费期交产品填写年化保费
29		实际保费	premium_h	N	Y	数值		每张保单实际收取的保费（考虑加费因素） 趸交产品填写实际保费 期交产品填写年化保费
30		基本保额	basicsuminsured	N	Y	数值		

续表

序号	字段类别	字段名	字段代码	是否主键	是否非空	字段类型	取值范围	备注
31	保单信息	地区代码	effprefecturecode	N	Y	字符		填写各参与公司承保机构的地区代码，细分到县一级分支机构。使用保单登记平台的代码标准。
32		保单类型	poltype	N	Y	字符	1= 卡单 2= 赠险 3= 无名单 4= 公共账户 9= 其他	
33		主附险标识	mainproductflag	N	Y	字符	1= 主险 2= 附加险	
34		保单状态代码	status	N	Y	字符	1= 有效 2= 失效 3= 终止 4= 满期 9= 其他	
35	续保信息	保单首次生效日期	firsteffectivedate	N	Y	日期	续保定义详见《续保定义及说明》	非空填报，填报首次投保的生效日期
36		保单责任生效日期	effdate	N	Y	日期	续保定义详见《续保定义及说明》	对续保保单号变更的保单，生效日期为本次保单保险责任生效日期；对于续保保单号不变的保单，生效日期记录最新续保年度的保险责任生效日期

续表

序号	字段类别	字段名	字段代码	是否主键	是否非空	字段类型	取值范围	备注
37	续保信息	保单责任终止日期	invaliddate	N	Y	日期	续保定义详见《续保定义及说明》	填报保险责任终止日期，满期或未终止填写满期日期，非满期终止填写退保或失效日期
说明								
1	唯一保单号指单独识别一张保单下一个被保险人的字段组合，实际报送时，根据不同公司主键数量不同，需要多个字段分开报送。							
2	目前已确定职业标准代码使用保险业协会《商业保险职业分类与代码》（T/IAC 0002–2016），需要基于此标准，报送公司原始代码与标准代码的映射关系。							
3	保单类型字段，如果为常规个单，填写 9。							
4	被保险人证件类型、被投关系、被保人学历均报送保单登记平台代码，由数据小组统一转码。							
5	由于各公司对于“产品”的理解有异，数据需求中的“产品”统一指代责任的组合（例如财险公司中为险种或条款，寿险公司中为产品或险种）。							

表 6　团单基本信息表

序号	字段类别	字段名	字段代码	是否主键	是否非空	字段类型	取值范围	备注
1	产品标识	财寿标识		N	Y	字符	1= 财险 2= 寿险	
2		公司代码		Y	Y	字符		
3		产品代码		Y	Y	字符		寿险到产品级别，财险公司到条款级别
4	保单标识	团体保单号		Y	Y	字符		
5	团单信息	投保人数		N	Y	数字		初始投保时被保险人人数
6		保险费		N	Y	数字		团单总年化保费
7		保险金额		N	Y	数字		团单总保额
8		分单数		N	Y	数字		被保险人的分单数
9		无名单标识		N	Y	数字		1- 正常单，每个被保险人都有分单 2- 无名单，所有被保险人都无分单，理赔时补录被保险人信息 3- 部分无名单，部分被保险人有分单
10		特别约定		N	N	文本		团单特别约定文本信息，如无特别约定，可以为空

说明	
1	团单基本信息表记录一张团单的整体情况。
2	分单数为累计分单数，退出不需要扣除。

表 7　保单理赔信息表

序号	字段类型	字段名	字段代码	是否主键	是否非空	字段类型	取值范围	备注
1	产品标识	财寿标识	flag	N	Y	字符	1= 财险 2= 寿险	
2		公司代码	compancode	Y	Y	字符		
3		产品代码	productcode	Y	Y	字符		寿险到产品级别，财险公司到条款级别

续表

序号	字段类型	字段名	字段代码	是否主键	是否非空	字段类型	取值范围	备注
4	保单标识	唯一保单号	grppoliycno、policyno、productno	Y	Y	字符		团体保单号+个人保单号+个单保险险种号码。该字段联合其他主键字段，用于唯一识别保单下一个被保险人，考虑到各公司主键数量不一致，实际报送时，根据公司实际情况报送满足唯一性的字段，不需要合并为一个字段。
5		个人保单号	policyno	N	Y	字符		
6	赔案标识	赔案号	claimno	Y	Y	字符		唯一识别一次理赔
7		被保险人客户号	insuredno	Y	Y	字符		唯一识别被保险人
8		被保险人证件类型	insuredcertt-ype	N	Y	字符	1= 身份证 2= 护照 3= 军官证 9= 其他	
9		被保险人证件号码	insuredcert-no	N	Y	字符		
10	赔案信息	出险日期	lossoccurdate	Y	Y	日期		死亡赔案以死亡证明记录时间为准，医疗赔案以入院/门诊日期为准，其他赔案以意外发生时间为准
11		报案日期	reportdate	N	Y	日期		以公司接到客户报案的日期为准

续表

序号	字段类型	字段名	字段代码	是否主键	是否非空	字段类型	取值范围	备注
12	赔案信息	结案日期	clmsettdate	N	Y	日期		以公司决定是否赔付的日期为准
13		赔付类型	paystatuscode	N	Y	字符	1= 正常给 2= 通融（协议）给付 3= 拒赔 9= 其他（特殊情况）	因过失未如实告知导致退还现价，视为拒赔。
14		受理机构地区	managecode	N	Y	字符		填写理赔受理机构代码，细分到县一级分支机构；若集中受理，报送集中受理机构的代码。使用保单登记平台的代码。
15		出险地区	county	N	N	字符		填写理赔实际出险地区代码，细分到县；若无实际出险地区，可以为空。使用保单登记平台的代码。
16		理论赔付金额	clmacounta-mnt	N	Y	数值		记录出险时点，根据条款约定的赔付金额
17		残疾赔付比例	disabilityrate	N	N	数值	0-100	伤残、高残责任必填，根据伤残等级确定的赔付比例
18		实际赔付金额	clmassessam-nt	N	Y	数值		记录实际赔付金额
19	赔付责任	责任大类	benefittype	N	Y	字符	1= 死亡 2= 高残 3= 伤残 4= 骨折 5= 医疗 6= 津贴 9= 其他	骨折为含有骨折责任的产品中的骨折理赔责任

续表

序号	字段类型	字段名	字段代码	是否主键	是否非空	字段类型	取值范围	备注
20	赔付责任	赔案对应的产品责任代码	liabilitycode	Y	Y	字符		
21		赔案对应的产品责任	liabilityname	N	N	字符		理赔对应的产品条款中的责任名称，如自驾意外责任、网约车责任、航空意外等，与赔付倍数相关
22	事故原因及结果	出险原因分类	lossoccurrea-son	N	Y	字符	1= 疾病 2= 意外 3= 自杀 9= 其他	
23		残标类别	disabilitytype	N	Y	字符	1= 新残标 2= 旧残标 3= 工伤残疾标准 4= 交通事故伤残鉴定标准（道标） 9= 其他标准	伤残、高残责任必填，实际理赔鉴定使用的残标类别
24		伤残等级	disabilitylevel	N	N	字符		遵照现有行业标准，伤残、高残责任必填，根据具体残标类别填写对应伤残等级，仅填写数字部分，例如“5 级 ”填写“5”
25		伤残代码	disability-code	N	N	字符	残标类别为新残标的参照人身保险伤残评定标准代码填写，其他残标如有伤残代码按实际填写	遵照现有行业标准，伤残、高残责任必填；新残标的代码不应为空，且新残标伤残代码对应唯一伤残等级。

续表

序号	字段类型	字段名	字段代码	是否主键	是否非空	字段类型	取值范围	备注
26	事故原因及结果	损伤外部原因代码	injuryreas-oncode	N	Y	字符	参照《表 8-事故原因表》	出险原因
27	医疗信息	门诊标志	clinic	N	N	字符	1= 含门诊医疗 2= 不含门诊医疗	意外医疗必填
28		住院标志	hospital	N	N	字符	1= 含住院医疗 2= 不含住院医疗	意外医疗必填
29		住院天数	hospitalstay_h	N	N	数值		意外医疗中的住院医疗理赔必填
30	理赔文本信息	赔付结论	claimdesc1	N	Y	字符		文本信息，记录公司做出理赔判定的结论及理由
31		出险地点	lossoccurl-ocation1	N	Y	字符		具体出险地点，文本信息
32		事故经过	accident-course1	N	Y	字符		文本信息，记录客户报案时陈述的出险事故描述，主要描述出险原因，而非事故结果、理赔结论
说明								
1	出险原因均以标准代码报送到损伤外部原因代码中，“事故原因一级 / 事故原因二级”由测算小组进行映射。							
2	赔付类型（即附表 20）报送保单登记平台代码，由数据小组同一转码。							

表 8　事故原因表

一级分类代码	一级分类名称	二级分类代码	二级分类简称	对应 ICD 代码
TA	交通意外	TA_01	行人	V01–V09
		TA_02	自行车	V10–V19
		TA_03	摩托车	V20–V29
		TA_04	三轮车	V30–V39
		TA_05	轿车	V40–V49
		TA_06	轻型货车	V50–V59
		TA_07	重型运输车	V60–V69
		TA_08	公交客车	V70–V79
		TA_09	其他陆地运输	V80–V89
		TA_10	轮船	V90–V94
		TA_11	航空航天	V95–V97
		TA_12	其他	V98–V99
AC	普通意外	AC_01	跌倒坠落	W00–W19
		AC_02	无生命机械力量	W20–W49
		AC_03	有生命机械力量	W50–W64
		AC_04	溺水	W65–W74
		AC_05	窒息	W75–W84
		AC_06	电流、辐射和极度环境气温	W85–W99
		AC_07	火烧爆炸	X00–X09
		AC_08	烫伤	X10–X19
		AC_09	动植物中毒	X20–X29
		AC_10	异常自然环境	X30–X39
		AC_11	中毒	X40–X49
		AC_12	生命支持不足	X50–X57
		AC_13	故意加害	X85–Y09
		AC_14	医疗意外	Y40–Y84

续表

一级分类代码	一级分类名称	二级分类代码	二级分类简称	对应 ICD 代码
AC	普通意外	AC_15	其他	X58-X59
				Y35-Y36
				Y10-Y34
				Y85-Y89
				Y90-Y98
SU	故意自害			

附录 3　行业职业风险等级统计方法及职业系数计算

一、方法概述

本次行业意外险职业风险等级的统一，主要基于行业主要寿险公司的现行划分标准，在考虑多数公司意见的原则下进行整理汇总，并通过检视 2015-2019 年各职业小类实际意外身故与意外伤残发生率经验，对少部分现行风险等级与实际经验严重不符的职业进行调整。最终形成《商业保险职业分类与代码》的意外险职业风险等级映射表。

项目组根据统一的意外险职业风险等级标准，计算 2015-2019 年 1-6 级职业实际意外身故和意外伤残发生率指数，考虑加权汇总及适当修匀后，确定 1-6 级职业风险系数。

二、职业相关信息调研

本次意外险项目面向参与公司针对职业问题展开了相关调研，目的是汇总行业主要寿险公司意外险职业分类与风险等级划分标准的制定逻辑，了解各公司在核保端对于客户职业信息的采集情况与职业信息数据质量。调研内容显示：

1）各公司现行职业分类代码标准的制定，主要参考了同业标准、再保标准、

国家职业大典、保险业协会《商业保险职业分类与代码》等，部分公司还会根据自身经验进行调整；

2）约90%的公司采用三级分类方式进行职业类别划分，职业大类最少的7个，最多的47个；职业小类最少的有519个，最多的有2532个；

3）约85%的公司采用1-6级职业风险等级划分方式，1-6级外或存在拒保和特案两个级别；

4）约80%的公司意外险的职业信息在投保时是必录项，存在少部分公司的部分产品、部分渠道为非必录项；除此之外，部分公司会通过职业信息录入时提供分级筛选、关键字检索功能，以及加入复核机制来加强职业信息的可靠性。

三、职业映射收集整理

经项目组研究决定，本次项目统一采用中国保险行业协会在2016年发布的《商业保险职业分类与代码》作为行业标准职业代码，开展意外险职业相关数据分析等工作。根据项目组要求，各公司将本公司明细职业代码向《商业保险职业分类与代码》的1844个职业小类进行映射关系梳理并上报。原则上要求全部明细职业代码均有映射，且不允许出现一对多的情况。

各公司同时上报了明细职业代码的职业风险等级分类，因各公司职业风险等级代码符号存在差异，综合职业调研反馈内容，我们将职业风险等级统一确定为1-7级，7级为拒保。鉴于特案属于各公司对个别保单核保的单独考虑，不代表实际职业风险，标准职业风险等级不包含特案。

经过项目组整理汇总，形成行业各公司职业代码映射汇总表。少数公司职业代码指代范围较为宽泛无法细分，无法映射至《商业保险职业分类与代码》职业中类。

四、职业风险等级整合

项目组对行业意外险职业风险等级进行统一时，首先承认行业各公司现行标准的合理性，对项目参与公司的现行划分标准进行整合。整合过程中出现各公司划分标准不同时，遵循如下规则：

1. 公司数加权方案

考虑到行业多数公司的意见更能代表行业通行的职业风险等级划分标准，因此采用公司数加权方案进行风险等级整合。具体步骤如下：

1）基于行业职业代码映射汇总表，将各公司职业风险等级映射表映射至标准职业代码；

2）逐个标准职业代码在公司内仅对应单一风险等级的，评定该风险等级为该公司的评定结果；

3）逐个标准职业代码在公司内对应多个风险等级的，出现频率最高的风险等级为该公司的评定结果；

4）逐个标准职业代码汇总各公司的评定结果，出现差异时取公司数较多的风险等级作为该标准职业代码的风险等级评定，同时计算：公司意见集中度 = 公司众数 / 总公司数。

2. 保单数加权方案

考虑到保单销量更大的公司在行业权重较大，且专业程度较高，更代表目前行业大部分保单现行的职业风险等级划分标准，因此采用保单数加权方案进行风险等级整合。步骤如下：

1）基于《职业代码映射汇总》，将各公司明细保单数据的职业信息映射至标准职业代码，并附带各公司内部评定的 1-7 级职业风险等级；

2）逐个标准职业代码统计各风险等级对应保单数占比，取保单数占比较高的风险等级作为该标准职业代码的风险等级评定。

3. 综合评定原则

考虑到公司数加权方案的集中度超过 75% 时，表示行业绝大部分公司对同一职业的风险等级评定达成高度一致，此时采用公司数加权结果作为初版最终评定结果，否则取保单数加权结果。

五、职业风险等级调整

职业风险等级划分标准整合后，项目组会检视行业意外险各职业实际意外身故与意外伤残发生率经验水平，同时结合职业小组行业专家意见，对少部分现行风险等级与实际经验严重不符的职业进行调整。

1. 数据范围

考虑到职业信息有效性问题，限定数据分析口径如下：

1）产品范围：限定普通意外险，剔除老年、学平、借贷、农村小额、家庭险产品；

2）年龄范围：限定 20-59 岁；

3）发生率指数：件数口径，指数对比基准为行业平均发生率；

4）数据范围：筛选职业信息有效的保单数据。

2. 调级原则

以承认当前行业标准合理性为出发点，制定调级基本原则如下：

1）控制调级范围：仅对经验较充足的明细职业调整风险等级，数据量不足的维持现有评级；

2）控制调级幅度：承认行业现行职业风险评级标准，不做幅度过大的跨级调整；

3）综合调级方案：同时评估意外身故与意外伤残各职业实际发生率指数，按赔付件数加权综合两种责任经验制定调级方案。

3. 具体步骤

1）逐 1844 项明细职业计算发生率指数，并按当前行业风险等级划分标准进行分组，同时计算 6 组职业风险等级的总发生率指数；

2）基于原则 1，对经验数据较充足（暴露件数大于 5 万件或赔案件数大于 50 件，高风险等级职业标准适当降低）的明细职业，逐个评估发生率指数相较该风险等级组总发生率指数的偏离度。对于偏离度超过 50%（会综合数据量考量）的职业纳入备选调级；

3）基于原则 3，综合意外身故及意外伤残发生率指数评估结果，对备选调级职业制定调级方案。基于原则 2，对高于组平均指数 50% 的职业上调一级，对低于组平均指数 50% 的职业下调一级；

4）基于调级后结果，重复步骤 1-3，检视调级结果合理性，并制定调级方案；

5）向职业小组报送职业风险等级调级方案，征求行业专家意见，经评审修订后完成最终调级方案。

最终确定的调级方案如下表，共涉及 62 个职业，其中 38 个职业上调一级，24 个职业下调一级。

表 1 职业等级风险调整表

标准职业代码	职业大类	职业名称	调整方向	原风险等级	调整风险等级
0550005	制造业人员	服装工程技术人员	上调	1	2
1112001	文化娱乐业人员	游泳池管理员	上调	1	2
1401004	一般商业人员	商品营业员	上调	1	2
1409007	一般商业人员	杂货商	上调	1	2
1409011	一般商业人员	果菜商	上调	1	2
1409026	一般商业人员	食品商	上调	1	2
1520004	金融与服务业人员	统计专业人员	上调	1	2
0201003	农牧渔业人员	农艺工	上调	2	3
0201007	农牧渔业人员	中药材种植员	上调	2	3
0205004	农牧渔业人员	家畜饲养员（放牧）	上调	2	3
0205005	农牧渔业人员	家畜饲养员（圈养）	上调	2	3
0205006	农牧渔业人员	家禽饲养员	上调	2	3
0209001	农牧渔业人员	水产养殖技术人员	上调	2	3
0302003	木材森林业人员	林木种苗工	上调	2	3
0303002	木材森林业人员	木材供应站营业员	上调	2	3
0702038	交通运输业人员	客运车稽核人员	上调	2	3
1502002	金融与服务业人员	保险代理人	上调	2	3

续表

标准职业代码	职业大类	职业名称	调整方向	原风险等级	调整风险等级
1502005	金融与服务业人员	保险保全员	上调	2	3
0208005	农牧渔业人员	水生动物饲养工	上调	3	4
0601005	建筑工程业人员	木匠（平地）	上调	3	4
0702018	交通运输业人员	小型客货两用车司机	上调	3	4
0302014	木材森林业人员	林场起重机操作工	上调	4	5
0514016	制造业人员	焊工	上调	4	5
0545001	制造业人员	机修钳工	上调	4	5
0545005	制造业人员	工程机械修理工	上调	4	5
0601008	建筑工程业人员	建筑工程车辆司机、机械操作员	上调	4	5
0601029	建筑工程业人员	安装工（平地）	上调	4	5
0601030	建筑工程业人员	安装工（高空）	上调	4	5
0602002	建筑工程业人员	建筑物外墙、玻璃幕墙维护人员	上调	4	5
0606001	建筑工程业人员	砌筑工	上调	4	5
0702017	交通运输业人员	客运车司机、随车服务员、随车售票员（长途）	上调	4	5
0702030	交通运输业人员	货柜车司机、随车人员	上调	4	5
1402001	一般商业人员	废旧物资回收挑选工	上调	4	5
0514014	制造业人员	冲压工	上调	5	6
0601014	建筑工程业人员	钢骨结构工	上调	5	6
0601018	建筑工程业人员	楼宇拆除工（无需用炸药）	上调	5	6
0606005	建筑工程业人员	架子工	上调	5	6
0702020	交通运输业人员	营运货车司机、随车工	上调	5	6
0101003	一般职业人员	中国共产党机关和国家机关职员（外勤）	下调	2	1
0103003	一般职业人员	事业单位职员（外勤）	下调	2	1
0104003	一般职业人员	企业单位职员（外勤）	下调	2	1
1501009	金融与服务业人员	银行信用卡业务员	下调	2	1
1501012	金融与服务业人员	银行客户业务员	下调	2	1
0208001	农牧渔业人员	养殖工（内陆）	下调	3	2

续表

标准职业代码	职业大类	职业名称	调整方向	原风险等级	调整风险等级
0601025	建筑工程业人员	工程技术人员	下调	3	2
0702012	交通运输业人员	公务小客车司机	下调	3	2
0702024	交通运输业人员	出租车司机	下调	3	2
0704006	交通运输业人员	轨道列车司机	下调	3	2
2002002	自由职业者和无业人员	自由职业人员	下调	3	2
0514007	制造业人员	多工序数控机床操作调整工	下调	4	3
0545023	制造业人员	电线电缆制造工	下调	4	3
0601010	建筑工程业人员	油漆工（平地）	下调	4	3
0601012	建筑工程业人员	水电工（室内）	下调	4	3
0602004	建筑工程业人员	防火系统安装人员	下调	4	3
0603002	建筑工程业人员	工程机械操作员	下调	4	3
0702026	交通运输业人员	机动三轮车夫	下调	4	3
1702010	司法治安人员	交通警察	下调	4	3
0208002	农牧渔业人员	养殖工（沿海）	下调	5	4
0601016	建筑工程业人员	焊工（平地）	下调	5	4
0605003	建筑工程业人员	装璜人员（高空作业）	下调	5	4
0302001	木材森林业人员	林木采伐工	下调	6	5
0705016	交通运输业人员	船舶甲板设备操作工	下调	6	5

六、职业风险等级系数计算

项目组基于确定的行业意外险职业风险等级划分标准，重新计算 1-6 级职业风险等级的意外身故与意外伤残发生率指数（其中意外伤残发生率已考虑伤残等级加权），并根据赔案数作加权合计，最后考虑平滑修匀确定如下 1-6 级职业风险系数，过程中未考虑额外的风险边际。

表 2　职业风险等级系数

职业风险等级	风险系数
1 级	70%
2 级	110%
3 级	140%
4 级	160%
5 级	200%
6 级	300%

附录 4　高龄段理赔原因特定分析

分年龄段看意外死亡理赔原因分布可以发现，自 20 岁起，年龄越高，跌倒坠落致死占比越高。而对于 70 岁以上的老年人，跌倒致死的占比极高。对于这部分赔案，跌倒是否是引起死亡的主因（如：心脏病发导致跌倒从而身故），需要进行深入挖掘分析。

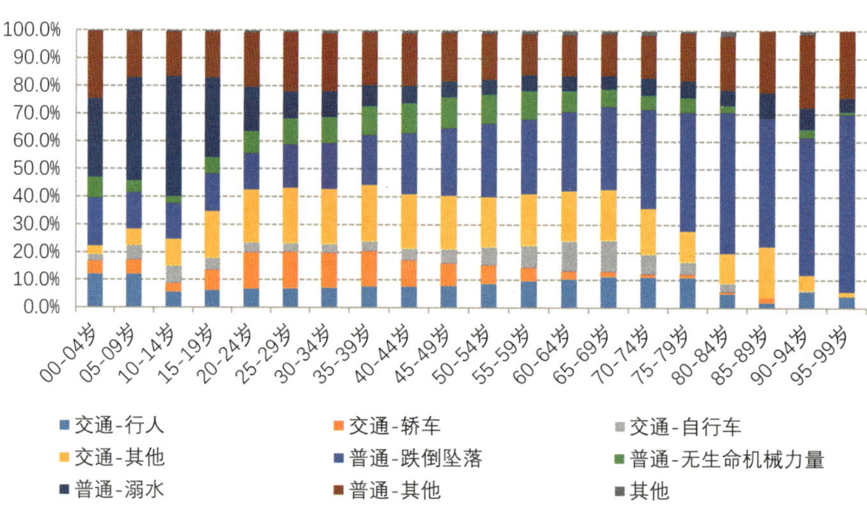

图 1　2015-2019 年分年龄段男性普通意外险意外身故原因分布图

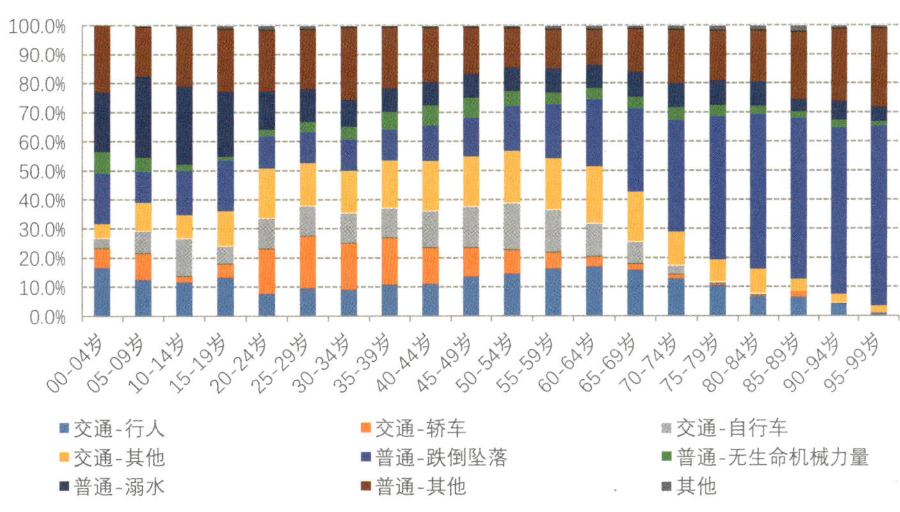

图 2　2015-2019 年分年龄段女性普通意外险意外身故原因分布图

一、赔案归因调研

1. 调研范围与方法

根据赔案分布研究，发现部分意外身故赔案可能存在先诱发疾病，进而导致被保人疾病身故的情况，且理赔过程中易产生模糊地带与纠纷。

为准确评估意外事件是否为导致死亡的直接主因，厘清意外身故死因分布，项目组通过问卷调研和人工判定等方式向部分公司进行抽样意外身故赔案内部调研，涉及赔案 10126 件，均为意外身故赔案，以老年段（50 岁以上）跌倒坠落赔案为主。

2. 调研内容

第一轮调研主要了解理赔实务中意外身故赔案的鉴定方法，具体问题如下：

1）理赔实务中对于理赔申请为意外身故的跌倒坠落相关案件，如何判定该案件的意外事故是否为死亡主因？

2）该类案件若存在无法判断或不好界定的情况，对于意外身故保险责任大于疾病身故的（例如意外险），理赔理算时会如何处理？

3）该类案件若存在无法判断或不好界定的情况，对于意外身故保险责任等于疾病身故的（例如定寿终身寿），理赔理算时会如何处理？

第二轮调研是将抽样的意外身故赔案由公司进行人工理赔核查，重新判断赔案责任类型。

3. 调研结果

通过第一轮问卷调研，发现理赔实务中确实存在少量疾病身故或无法判断的案件，按照意外身故正常给付或协议比例给付。理赔实务流程大致如下图所示。

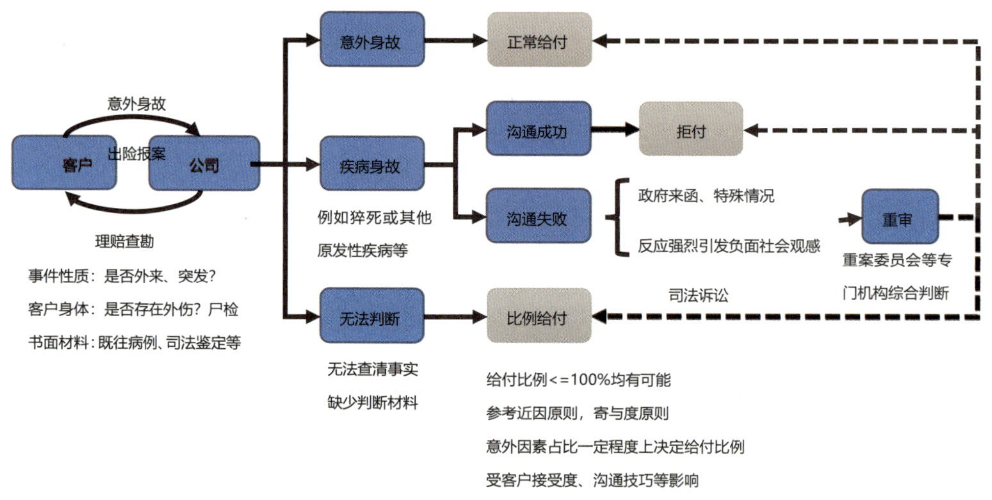

图 3　意外身故赔案理赔实务流程图

通过第二轮调研（人工理赔核查），发现参与调研的所有意外身故赔案中，73%确实为意外身故，存在 4% 的疾病身故赔案，还有 23% 的赔案无法判断。各类赔案的主要特点如下图所示。

表 1　不同类型身故赔案占比与特征

系统记录或清洗意外身故赔案 10126 件		
意外身故 73%	死因特征	事故现场立即死亡为主，占意外身故 49%
疾病身故 4%	年龄特征	高年龄占比更高，疾病身故占高龄 6%
	疾病特征	脑部相关疾病为主，占疾病身故 38%
	司法特征	司法案件占比最高，占疾病身故 10%
	死因特征	急救无效立即死亡为主，占疾病身故 44%

续表

<table>
<tr><th colspan="3">系统记录或清洗意外身故赔案 10126 件</th></tr>
<tr><td rowspan="6">无法判断 23%</td><td>年龄特征</td><td>高年龄占比更高，无法判断占高龄 20%-40%</td></tr>
<tr><td rowspan="2">给付特征</td><td>通融给付赔案占比更高，无法判断占通融 45%</td></tr>
<tr><td>正常给付赔案存在大量部分给付情况</td></tr>
<tr><td>疾病特征</td><td>不详或未反馈为主，占无法判断 56%</td></tr>
<tr><td>死因特征</td><td>更近似意外身故，事故现场占无法判断 34%，急救无效占无法判断 20%</td></tr>
</table>

从各类赔案特点看，无法判断的赔案的特点更接近为意外身故，推测其中大部分仍为意外身故赔案。

二、赔案归因测算

参与调研的赔案中，50-79 岁的身故类型分布无明显差异；而 70 岁以上，随年龄上升，无法判断的占比越来越高。

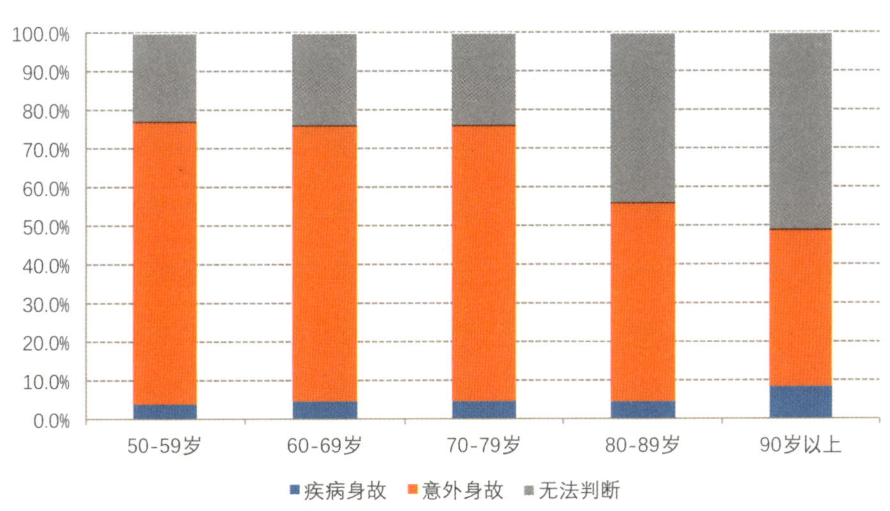

图 4　人工核查后分年龄段身故类型分布图

根据人工核查后的结果，将无法判断的赔案按照意外身故和疾病身故的比例进行等比例拆分，并重新合并后如下图所示。50 岁以上的意外身故中可能存在一定比例的疾病身故赔案，且该比例随年龄上升而增大。

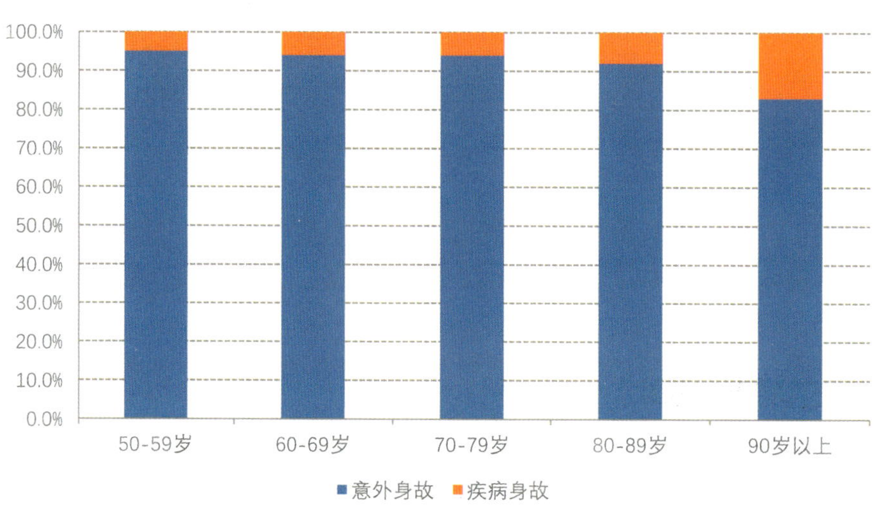

图 5　等比例拆分后分年龄段身故类型分布图

从上述分析可以发现，若理赔调研结论可信，那么现有的老年段（50 岁以上）赔案中，存在约 5% 的疾病身故被误判为意外身故。这导致目前的意外险发生率中高年龄段发生率可能存在高估；考虑到本次意外险发生率表为反映行业实际经验表，应实际反映理赔操作实务结果，因此未对编表水平进行特殊调整。

附录 5　高年龄发生率外推方法

一、引言

在发生率表的编制过程中，对高年龄的发生率估计是一个不可或缺的环节。受到保险市场发展时间与经验数据充足性的限制，高年龄段发生率无法使用实际经验直接计算得到，通常需要根据主要年龄段的发生率趋势及规律进行外推估计。

本次意外险发生率表的编制主要涉及一般意外身故与意外残疾责任，其中，意外身故发生率表为分年龄发生率表，也是本次编表时高年龄发生率外推估计的重点。由于此前国内尚无意外身故发生率表的编制经验，国际上专门针对意外身故责任的发生率的成表同样较少，本次高年龄发生率的外推主要借鉴了重疾发生率表编制使用的外推方法，并在此基础上，结合意外险发生率的数据特征，探索并确定了一套适用于意外身故高年龄发生率估计的外推方法，对结果进行了合理性与科学性论证。

二、外推资料收集和方法论研究

此次意外身故发生率表编制中，对目前国际市场上已有的意外身故发生率表、编表使用的外推方法论进行了收集与研究，总结归纳如下：

国际上意外身故发生率成表主要有 SOA（北美精算师协会）1996 年意外身故发生率研究报告、韩国 2019 年发布的行业意外事故发生率表、澳大利亚 2007-2011 年行业意外事故发生率表。在上述发生率表的编制过程中，对高年龄段的处理主要有两种方法，一是以人口数据中意外身故的发生率为基础，分年龄组考虑风险附加等因素进行调整后，转换为保险行业的意外身故发生率，这种方法的前提是在高年龄段仍有充足的人口意外身故数据作为数据基础，在 SOA 1996 年意外身故发生率研究报告中，采用的即为这种方法；另一种方法则是直接根据发生率的趋势，进行模型拟合后，将发生率外推至终止年龄，澳大利亚在编制 2007-2011 年行业意外事故发生率表时使用了这种方法。

结合国内保险业意外身故经验数据、人口数据的实际情况，本次高年龄发生率的外推估计主要针对 70 岁以上保险业经验数据不充足的年龄段。考虑到针对意外身故发生率外推的成型理论与实操经验均较少，在此次发生率表的编制中，测试使用了比例外推与模型外推两种方法，并通过对方法论的合理性评估、不同方法下外推发生率的对比验证、外推发生率与国外发生率表的对比验证，确定使用比例外推作为本次发生率表编制使用的外推方法。

两种外推方案的具体方法论介绍如下：

1. 比例外推

1.1 模型思想

意外身故发生率 = 意外身故占一般身故的比例 × 一般身故发生率

在具有相似风险特征的人群中，因意外导致的身故占所有身故的比例具有一定的稳定性，因此可以通过意外身故占一般身故的比例与一般身故发生率得到意外身故的发生率。

1.2 模型优势

一般身故具有可靠性较高的行业数据和人口数据，同时，实际数据显示保险人群意外身故占比与人口意外身故占比分年龄的曲线形态类似。该方法具有较为充分的数据基础。

2. 模型外推

2.1 模型思想

当年龄足够大时，年龄 x 与 logit (q_x) 即 $\ln\left(\frac{q_x}{1-q_x}\right)$ 存在广义上的线性关系，因

此选用 CBD 模型外推的方法，维持发生率曲线的形态与特征。

$$\ln\left(\frac{q_x}{1-q_x}\right)=f(x)+\theta_1\times\gamma_1+\theta_2\times\gamma_2+\cdots$$

符号介绍：

x：到达年龄

q_x：x 岁的人在一年内意外身故的概率

$f(x)$：拟合函数，表示发生率曲线形态

γ_2：队列项（即其他发生率相关因子）

θ_1：拟合参数

2.2　模型优势

对发生率进行 logit 转换，以此锁定发生率阈值在 0 到 1 之间，且易于保留高年龄发生率按指数增长的特征。

针对发生率曲线特征，可调整拟合函数 $f(x)$ 的形式，具有较高的灵活性。

三、模型应用和选择

在这一章节中，详细介绍了在两种方法下将编表发生率[①]外推至终止年龄所需要的基础数据和详细步骤，并对两种方法下的外推结果进行对比论证，最终确定合适的高年龄外推方法。

1. 数据基础

《中国人身保险业经验生命表（2010-2013）》非养老金业务一表以及编表使用数据；

《中国卫生健康统计年鉴 2015-2018》城市居民年龄别疾病别死亡率统计数据；

日本 2019 年人口意外身故发生率数据，对分年龄段的日本 2019 年人口意外身故发生率进行修匀，将其转化为分年龄发生率；

韩国 2019 年发布的行业意外事故发生率表。

① 编表发生率：保险行业意外身故粗率进行修匀、趋势调整等后，用于外推的发生率数据。

2. 模型应用

2.1 比例外推

步骤 1：计算人口数据中意外身故占一般身故的比例 k_{1x}。

人口数据参考《中国卫生健康统计年鉴（2015-2018）》城市居民年龄别疾病别死亡率统计数据。

$$k_{1x}=\frac{人口意外身故发生率}{人口一般身故发生率}$$

人口意外身故发生率：年鉴统计数据中死亡原因为“损伤和中毒”的死亡率

人口一般身故发生率：年鉴统计数据整体死亡率

步骤 2：确定使用《中国人身保险业经验生命表（2010-2013）》非养老类业务一表作为一般身故发生率（以下简称 10-13 生命表非养老类业务一表）。

计算编表发生率占 10-13 生命表非养老类业务一表的比例 k_{2x} 和保险业经验中意外身故占一般身故的比例 k_{3x}，其中保险业经验参考 10-13 生命表非养老类业务一表编表过程中使用的意外身故发生率和一般身故发生率。

$$k_{2x}=\frac{q_x}{q_x^{CL1-2}}$$

$$k_{3x}=\frac{保险业经验意外身故发生率}{保险业经验一般身故发生率}$$

q_x：编表发生率

q_x^{CL1-2}：10-13 生命表非养老类业务一表发生率

对比 k_{1x}、k_{2x}、k_{3x} 分性别年龄的趋势，结果显示，k_{1x} 与 k_{3x} 在数值上接近且年龄曲线形态类似；k_{2x} 则在 60 岁以下年龄段较低。这是由于生命表编制过程中考虑了一定的风险边际，且因观察期间的差异，死亡率有一定的改善趋势，k_{2x} 绝对值较低，但三者在分年龄段上的曲线形态相似，且在 60 岁以上年龄段占比收敛。

因此可基于人口数据 k_{1x} 的趋势，将 k_{2x} 外推至 105 岁。

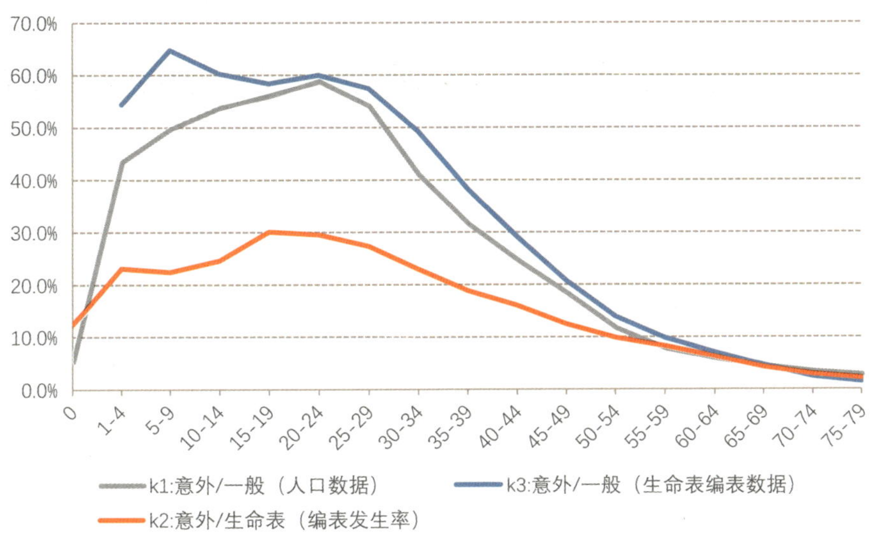

图 1　男性意外身故占一般身故的比例图

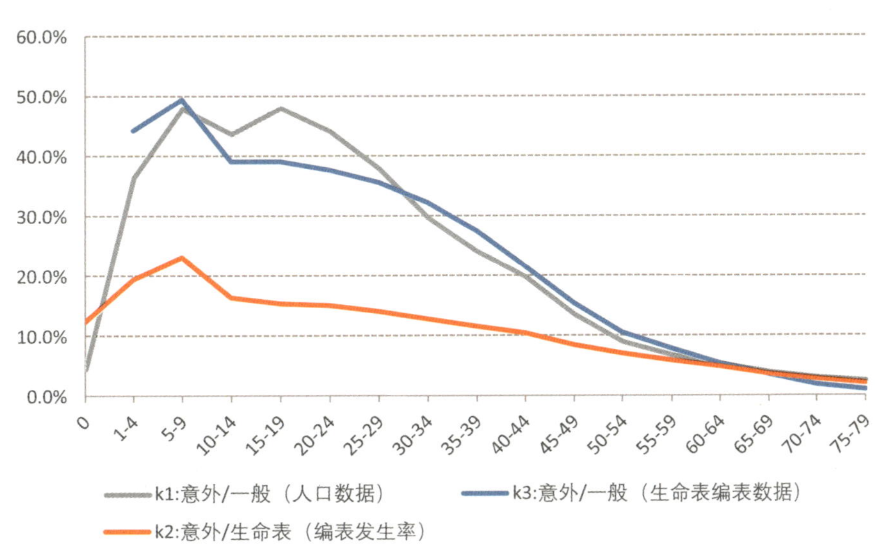

图 2　女性意外身故占一般身故的比例图

步骤 3：对步骤 1 中计算出的人口数据意外身故占一般身故的比例 k_{1x} 进行风险调整。

由于人口数据中意外身故发生率和一般身故发生率在不同年度间有一定波动，为增加数据的保守度，对 k_{1x} 进行风险调整，得到 k'_{1x}。

表 1　人口数据意外身故占比 – 含风险调整

年龄	男性	女性
70–74	3.70%	3.50%
75–79	3.10%	3.00%
80–84	2.70%	3.00%
85+	3.10%	3.80%

参考 k'_{1x}，对步骤 2 中计算得到的 k_{2x} 在 70-105 岁年龄段进行外推估计，在占比跳跃节点处，对外推结果进行调整以保证曲线的光滑度，最后得到 70-105 岁年龄段外推后意外身故占比 k'_{2x}。

步骤 4：计算高年龄外推发生率。

在 70-105 岁年龄段，外推后发生率 $q'_x = k'_{2x} \times q_x^{CL1-2}$

2.2　模型外推

步骤 1：对编表发生率 q_x 进行 logit 转换：

$$\text{logit}(q_x) = \ln\left(\frac{q_x}{1-q_x}\right)$$

q_x：编表发生率

步骤 2：使用 CBD 模型，将 logit(q_x) 从 70 岁开始，外推至 105 岁，其中 $f(x)$ 根据发生率曲线特征，采用二次多项式拟合，拟合后外推结果如下。

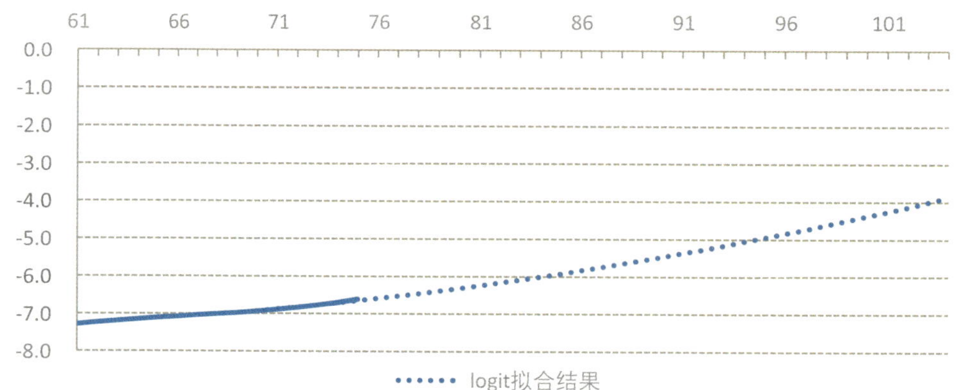

图 3　男性 logit(q_x) 外推结果图

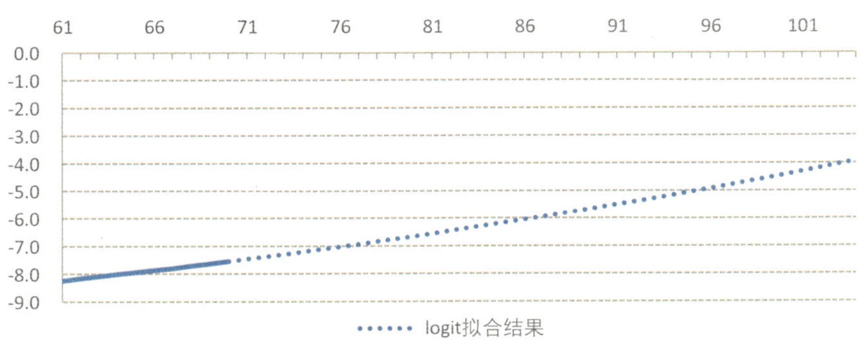

图 4　女性 logit(q_x) 外推结果图

3. 模型选择

对两种方法下的外推结果进行对比，结果显示比例外推的高年龄发生率结果较模型外推具有更高的合理性，主要考虑的因素如下：

基础数据的充足性及可信度：比例外推参考《中国卫生健康统计年鉴（2015-2018）》统计数据以及 10-13 生命表非养老类业务一表发生率，具有更充足的数据基础，结果有更高的可信度。

与保险业实务操作的一致性：在理赔实务操作中，由于意外事故界定难度大，存在较多的协议给付和通融给付。比例外推结果在高年龄段整体上较模型外推结果更加保守，更加符合理赔实操情景。

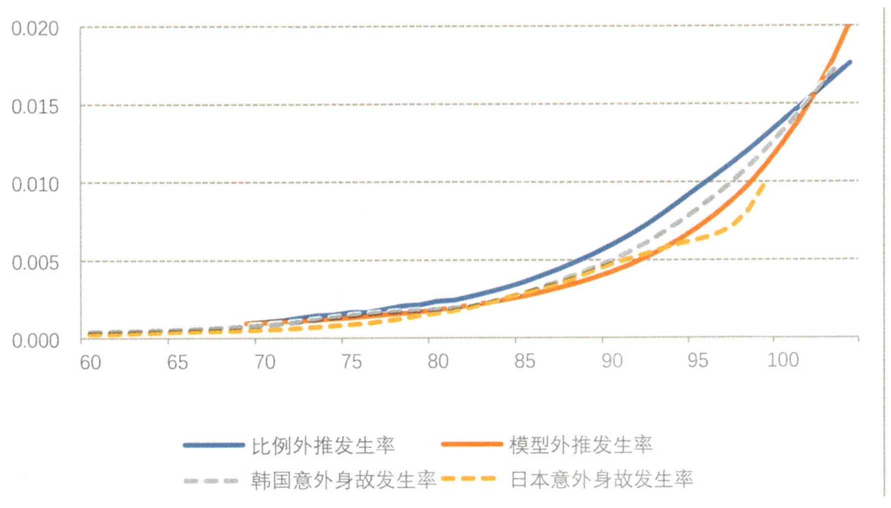

图 5　60 岁以上男性意外身故发生率对比图

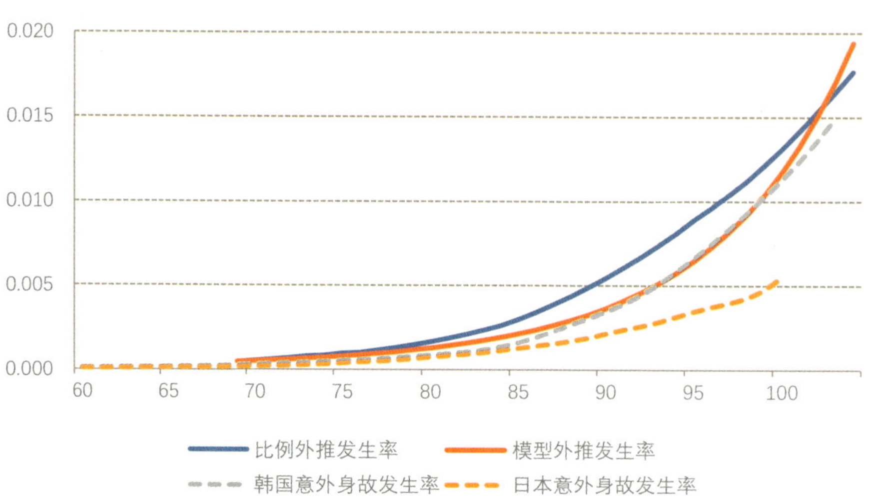

图 6　60 岁以上女性意外身故发生率对比图

与国外意外身故发生率表的一致性：行业编表发生率在 40-70 岁年龄段高于韩国和日本的意外身故发生率，比例外推的结果在高年龄段维持了这一关系，对比结果具有一致性。

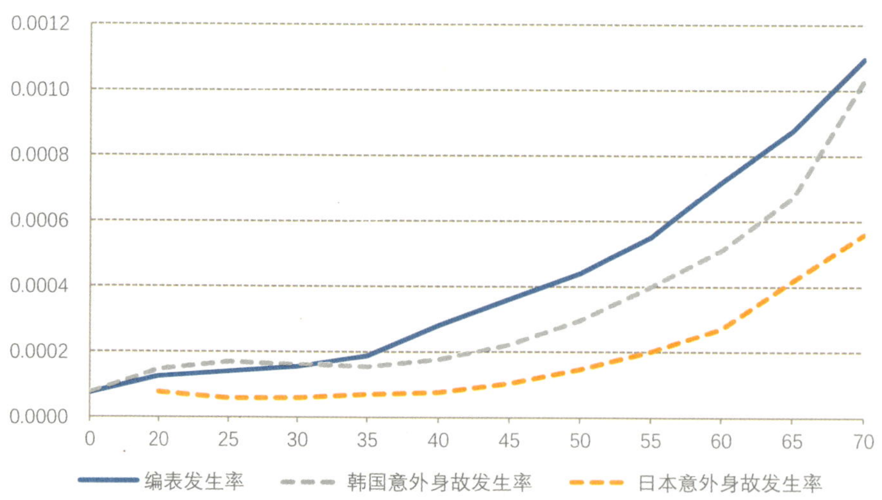

图 7　男性编表发生率与韩国、日本意外身故发生率对比图

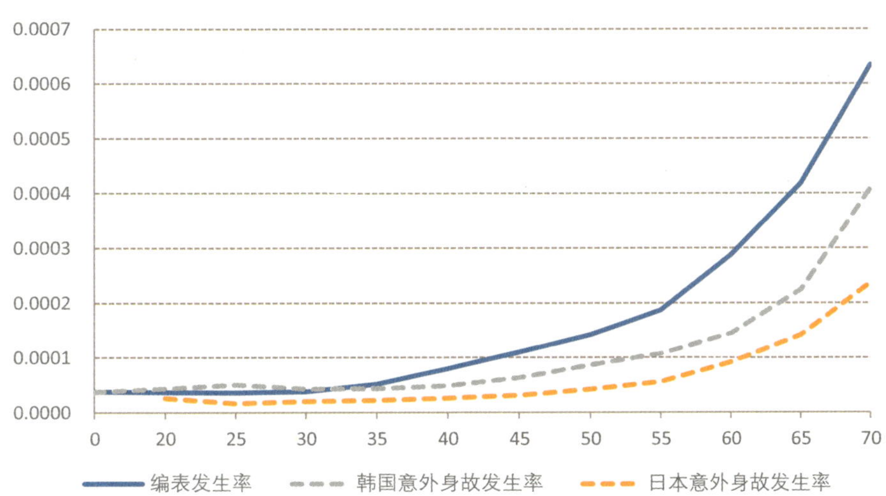

图 8　女性编表发生率与韩国、日本意外身故发生率对比图

四、小结

本节整理介绍了此次意外险发生率表编制过程中，高年龄外推的基础数据、理论依据以及模型方法。在本次意外身故发生率表编制过程中，以中国人口意外身故占一般身故的比例为基础，结合 10-13 生命表发生率，对 70 岁以上意外身故发生率进行外推。外推结果经过与国外意外身故发生率表进行对比验证，具备一定的合理性与保守度。

参考文献：

[1] 张楚、李存、卢怡 . 新生命表修匀及外推方法研究应用 [J]. 中国精算师，2014,004:12−23.

[2] 中国精算师协会 . 中国人身保险业经验生命表编制报告（2010−2013）.

[3] 国家卫生健康委员会 . 中国卫生健康统计年鉴，2015−2018.

[4]JAY M. JAFFE. Accidental Death Experience: A Review of Recent Experience for The Practicing Actuary and The 1996 Accidental Death Benefits Mortality Table[J]. Transactions of the SOA,1997,1:159−178.

[5]Group Life Insurance Experience Committee.2016 Group Life Insurance Experience Committee Report[R].USA: Society of Actuaries,2016.

[6]Y. Zhao P J S . Modelling the Cohort Effect in CBD Models Using a Piecewise Linear Approach[J]. 2012.

附录 6　发生率趋势研究方法

一、研究目的

为准确描述未来意外死亡发生率风险状况，在现有数据测算的发生率基础上，需要基于历史意外死亡发生率，考虑意外死亡发生率趋势，推出发表时点的意外死亡发生率。除此之外，对意外死亡发生率趋势的研究可以对未来意外类产品的开发和评估工作提供一定的参考依据。

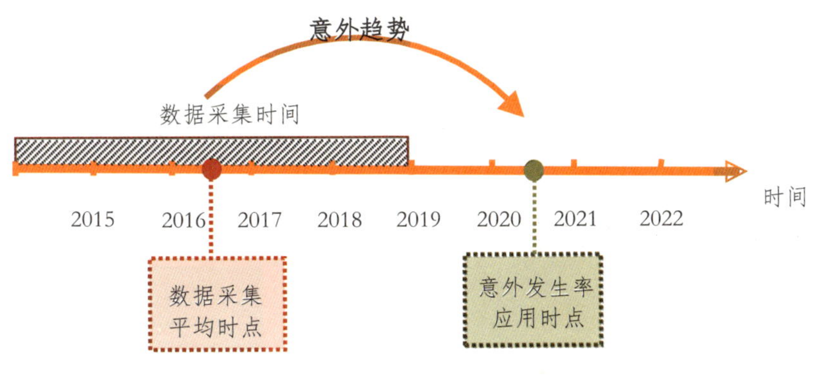

图 1　意外死亡发生率趋势示意图

二、常见方法归纳

目前，中国保险行业趋势因子主流计算方法为算术平均法和函数估计法。

1. 算术平均法

年度发生率增长率，即为本年度发生率与上一年度发生率相比的变动幅度。通过计算最近若干年度的增长率算术平均值，确定此期间的发生率趋势因子。

2. 函数估计法

研究发生率趋势，本质上来说，即研究发生率与年度之间的显著关系与影响强度。在统计学中，回归分析是确定两种或两种以上变量间相互依赖的定量关系的统计分析方法。函数估计法建立在统计学基础上，运用回归分析，将各年度发生率数据点拟合为线并回归到函数规则，以生成的函数规则集合构建发生率模型，从而探究发生率与年度之间的因果关系。

在实务中有较多的函数拟合方法可供选择。常用的拟合函数有指数函数、对数函数、线性函数等。针对常见方法的拟合结果的指标参数进行对比分析以评价函数的拟合优良度与变量的显著性，确定最优拟合函数。

三、数据选取

本研究以 2015-2019 年保险行业意外死亡发生率的数据作为基础。对于个团险、产品范围、保险期间等维度的筛选与编表数据一致。保留年龄段、性别、意外死亡原因进行趋势分析。理赔数据经过了 IBNR 调整，IBNR 因子与编表采用的一致。

四、模型选择与拟合结果

1. 算术平均法

表 1 是普通意外各年度间意外发生率的单年度增长率，计算得到 2015-2019 年间，男性算术平均增长率为 −3.6%，女性算术平均增长率为 −2.4%。

表 1　2015-2019 年普通意外发生率增长率表

年度	男性	女性
2015-2016 年	5.8%	7.4%
2016-2017 年	−2.9%	−1.9%
2017-2018 年	−7.8%	−5.5%
2018-2019 年	−9.6%	−9.6%
2015-2019 年平均	−3.6%	−2.4%

* 各年度发生率已对年龄进行标化，标准为 2019 年暴露的年龄结构，下文均为此处理。

2. 函数估计法

以 2015-2019 年普通意外男性发生率数据为例，应用指数函数进行意外死亡发生率的拟合。

图 2 是基于指数函数拟合的 2015-2019 年普通意外男性发生率（以 2015 年为 100）拟合图。拟合结果显示，2015-2019 年普通意外男性发生率逐年下降，趋势因子为 -4.1%。

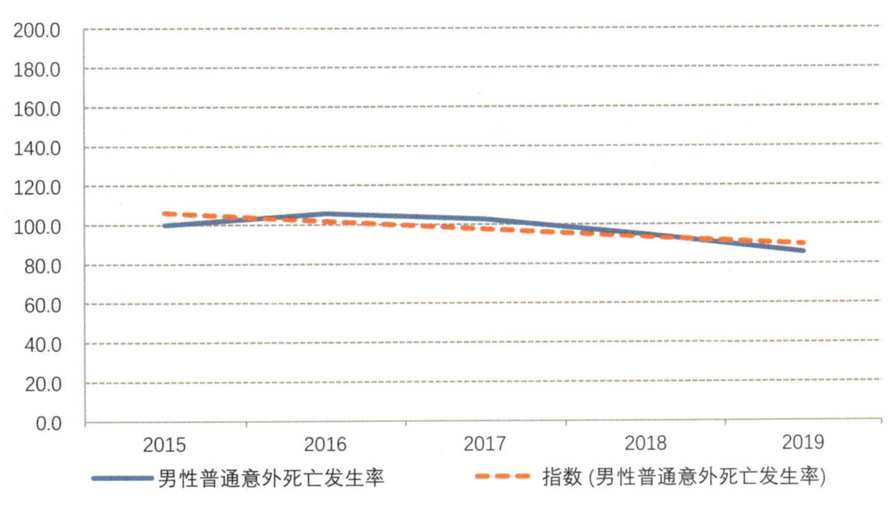

图 2　2015-2019 年男性普通意外死亡发生率（以 2015 年为 100）指数函数拟合图

另外，对比函数估计法和算术平均法，两者估计得到的 2015-2019 年普通意外男性发生率趋势因子基本一致，均在 −4.0% 左右。

五、意外死亡发生率趋势因子结果

我国保险业意外死亡发生率在逐年下降，下降速度因时间、性别、年龄、意外原因等因素而异。因此，在研究意外死亡发生率趋势因子时，需区分各维度进行分析，在本次项目中，对于普通意外和学平少儿意外，分别按照性别、年龄、意外死亡原因分组，计算相应的趋势结果，并观察年度间趋势波动，制定最终在本次意外表编制中使用的意外死亡发生率趋势因子，出于保守考虑，对于 2019 年以后预测的意外死亡发生率下降趋势进行了调整，放缓下降幅度。

表 2　2017–2019 年死亡发生率趋势因子

	交通意外	跌倒坠落	溺水	无生命机械力量
普通意外	−15% ～ 0%	−10% ～ 3%	−15% ～ 0%	−3% ～ 5%
学平少儿	−8% ～ −5%	−3% ～ 0%	−13% ～ −10%	−8% ～ −3%

表 3　2019–2021 年预测死亡发生率趋势因子

	交通意外	跌倒坠落	溺水	无生命机械力量
普通意外	−5% ～ 0%	−5% ～ 3%	−5% ～ 0%	−3% ～ 5%
学平少儿	−5% ～ 0%	−3% ～ 0%	−5% ～ 0%	−5% ～ −3%

由于项目数据中已经能观测到 2019 年数据的实际发生率结果，因此我们可以用制定的趋势因子预测 2019 年意外死亡发生率，并与实际结果对比验证。通过对比，用趋势因子预测的 2019 年意外死亡发生率与实际差异很小。2019 年预测发生率与实际发生率具体差异比较见正文 5.3.4。

附录 7 国际意外险经验情况

一、其他国家或地区意外险规模和赔付率水平

意外险通常与意外医疗搭配销售，国际上各国家或地区鲜少单独披露意外险的规模及赔付率情况。仅查得中国台湾地区 2017-2018 年意外伤害险的规模分别是台币 653 亿、659 亿，赔付率分别是 39%、42%。

二、其他国家或地区意外险发生率行业表编表情况

目前收集到 4 个国家或地区的材料可供参考，分别是：

1）**中国大陆** 2010-2019 年城市居民人口统计意外死亡发生率表。

2）**中国台湾** 2017 年意外事故（死亡 / 失能 / 医疗）发生率研究报告。

3）**韩国** 2019 年发布的行业意外事故发生率表（死亡 + 残疾）。

4）**日本** 2015-2020 年人口统计意外死亡发生率表。

1. 数据来源和编表方法

中国大陆： 2010-2019 年意外死亡发生率表来自于中国卫生统计年鉴，含自杀和被杀，并区分城市居民和农村居民，本次主要取城市居民发生率。

中国台湾： 数据来源于保险市场上 22 家人寿保险公司，观察期为在 2016 年的保单周年日至 2017 年保单周年日前一天。报告较为完整。

1）对意外死亡、意外失能、意外医疗限额、意外医疗日额几个方面进行分析，仅提供粗发生率。其中 2017 年意外死亡暴露数 1971 万件，死亡数 2856 件。

2）按照年龄、性别、不同公司、主附险、职业类别（8 类）维度，对 22 家公司编号，列示各公司分性别经验，六家市场占有率 5% 以上的公司占总体业务的 85% 以上，各公司的男 / 女性别占有率相差不大。

韩国：仅提供了 2019 年 4 月发布的行业发生率表供参考，观察期为 2013-2017 年。

日本：2015-2020 年人口统计数据来自日本统计局和厚生劳动省网站数据，分别提供了相同口径下的分年龄段人口数和意外死亡人数，进行推算了日本的意外死亡发生率，与其网站提供的总体发生率一致。另外日本意外死亡率未含“自杀、他杀”，日本的自杀发生率大约是意外死亡率的 50%。

2. 编表情况

中国大陆：每年各 6 张表，城市居民年龄别疾病别死亡率表（男 / 女 / 合计），农村居民年龄别疾病别死亡率表（男 / 女 / 合计）。

中国台湾：共计 126 张表，其中意外身故 21 张表，维度较细，分为年度粗死亡率、职业类别件数粗死亡率（男 / 女 / 合计）、职业类别保额粗死亡率（男 / 女 / 合计），每类表还同时区分主险 / 附加险 / 主附合计。

韩国：共 7 张表，其中 1 张为意外身故发生率表，其余 6 张均为意外残疾发生率表。

日本：分别提供国民人口分年龄段的人口总数表，以及分年龄段意外身故人数表。

3. 编表频率

中国大陆：每年；

中国台湾：每年；

韩国：每 5 年；

日本：每年。

4. 趋势分析

中国大陆： 中国 2010-2019 年统计的人口意外身故发生率展示如下，意外身故发生率出现过小幅波动，2011 年最低，2012-2013 年上升，随后又逐步下降，2019 年又有小幅上升。

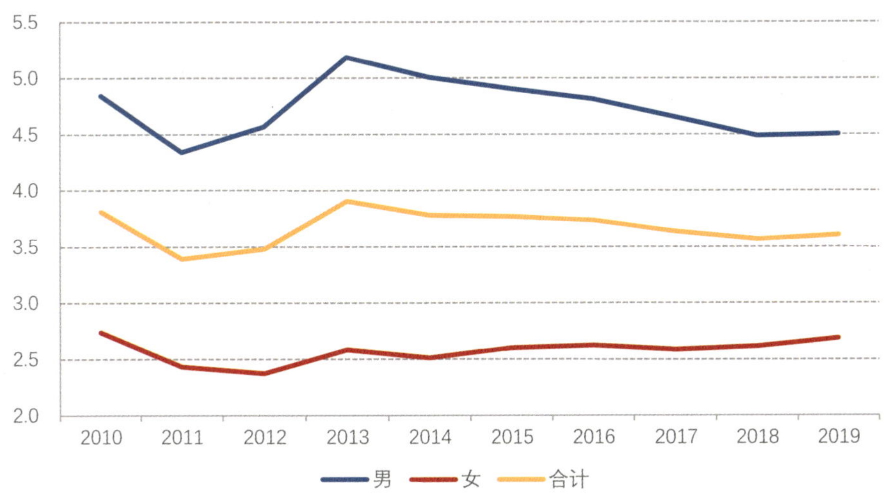

图 1 中国城市居民人口 2010-2019 年意外身故发生率趋势（单位：1/10000）

中国台湾： 列示 2008-2017 年的经验，近 10 年的业务数据量增长缓慢，整体意外粗死亡率略有改善，意外残疾发生率改善较为明显。

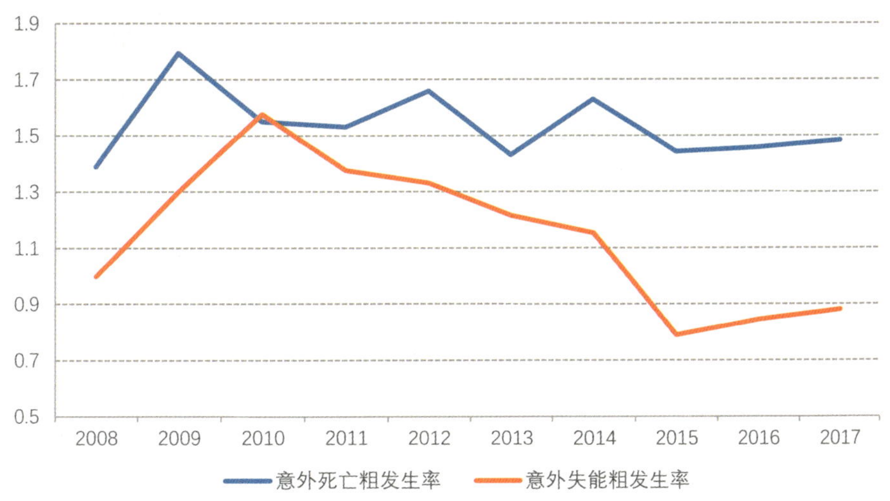

图 2 中国台湾 2008-2017 年意外身故 / 失能发生率趋势（单位：1/10000）

韩国： 暂无其他年份数据。

日本： 虽然日本分年龄段意外死亡发生率水平不高，但是由于老龄化程度较高，从 2015-2020 年整体人口意外身故发生率看，平均意外身故发生率水平较高，趋势较为平稳，有一定波动。其中 2016-2018 年意外死亡率略有上升，2019-2020 年有所回落。

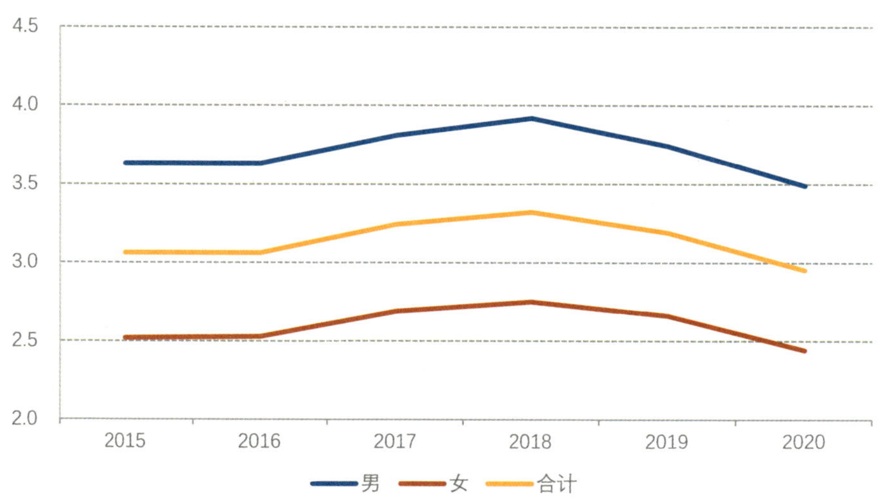

图 3　日本人口 2015-2020 年意外身故发生率趋势（单位：1/10000）

5. 事故原因分析

中国大陆： 各个年龄段主要意外事项不同，1 岁以内窒息意外占比 40%；1-19 岁主要是溺水和机动车辆交通事故约各占 30%；20-74 岁以机动车辆交通事故为主，占比约 40%，其中行人与机动车辆交通事故占比约 20%；75 岁以上则以意外跌落为主，最高达 65%。

中国台湾： 主要死亡原因中运输意外事故占比约 41%，意外事故的其他外因占比约 28%。

日本： 交通意外占比很低，仅 11%，这可能是日本意外身故发生率比其他地区或国家低的主要原因。跌落、窒息、溺水各约占 20%。

6. 意外残疾标准

中国台湾： 提供单独的意外失能粗发生率表，包含件数发生率和保额发生率，

未按残疾等级加权计算。对失能等级做过制度更新，旧制下有 6 级 28 项，新制下有 11 级 75 项，该报告对新旧制均测算了粗发生率，其中第一级发生率最高。而且发生第二次失能给付的比例为 15%，第三次及以上给付的比例为 0%。新制下，1-10 级赔付比例为 100%-10%（同大陆），第 11 级赔付比例 5%。意外失能理赔中，7 级失能发生率最高，其次是 1 级失能。对比中国台湾与大陆的残疾标准，除了神经系统方面的残疾中国台湾赔付范围略大些外，其余项目均远小于大陆涵盖的范围，尤其是骨骼相关，中国大陆除了常见的上下肢残疾，还包含了头颈、骨盆、肌肉力量功能的残疾，中国台湾残疾中不包含皮肤损伤。

韩国：提供覆盖不同残疾赔付率比例的发生率表（按残疾赔付比例加权后），分别是赔付比例为 100%、赔付率比例超过 80%、赔付比例超过 60%、赔付比例超过 50%、赔付比例 3%-100%、赔付比例 3%-79% 等对应的行业发生率表，其中赔付率比例超过 80% 与赔付比例 3%-79% 的发生率之和与赔付比例 3%-100% 相等。由于是行业用表，已经考虑过风险附加。韩国的残疾标准比中国台湾更广些，但是仍然略小于大陆残疾标准，国内的残疾衡量标准以定量为准，韩国和中国台湾则常以“严重程度、明显伤害、轻微伤害”等类似定性为准。

三、其他地区或国家的意外险发生率不同维度分析

1. 意外种类

中国大陆：意外死亡。

中国台湾：意外死亡 / 失能 / 医疗（限额 / 日额），分别对年龄 / 性别 / 职业类别 / 公司类别 / 死亡原因 / 失能等级等维度进行分析。

韩国：死亡和伤残，其中意外发生率 = 一般意外发生率 + 交通意外发生率。

日本：意外死亡。

2. 主附险

中国台湾：对性别 / 职业类别 / 公司类别 / 死亡原因维度进行分析时，对主契约 / 附加契约的经验分别列示。结论：死亡率主契约明显高于附加契约；失能率主附契

约无明细差异；医疗率（限额）附加契约明显高于主契约；医疗率（日额）主附契约无明显差异。

3. 地区差异

中国大陆：农村居民比城市居民意外身故发生率高，男性约 1.5 倍，女性约 1.3 倍。对于城市居民还进一步区分大城市和中小城市意外身故发生率。

中国台湾：对 22 家公司编号，列示各公司分性别的经验差异，整体粗发生率最低 0.093/ 万，最高 2.512/ 万。六家市场占有率 5% 以上公司占总体业务的 85% 以上。

4. 行业 / 职业

中国台湾：有统一的职业分类以及职业费率比例，职业共分为 8 类（一至六类、特别费率类、其他）。职业类别越高，意外发生率越高，一至六类费率比例分别为 1/1.25/1.5/2.25/3.5/4.5。

5. 性别

所有国家或地区的经验都一致，男性的发生率远远高于女性。

中国大陆：男性发生率仅在 85 岁以上低于女性，其余年龄均高于女性，平均也是 2.5 倍的比例，最高在 40-44 岁达到 3.9 倍。

中国台湾：意外死亡率男性显著高于女性；失能率男性显著高于女性；医疗率（限额）男女接近；医疗率（日额）男女接近。

韩国：男性发生率是女性的 1.1-4 倍，高年龄和低年龄之间的差异小一些。

日本：男性发生率仅在 10-14 岁低于女性，其余年龄均高于女性，平均是 2.5 倍的比例，最高在 55-59 岁达到 3.6 倍。

附录 8　项目大事记

2020 年 3 月 31 日 -4 月 3 日，开展意外险经验发生率表编制工作第一次专项调研，就普通意外险、学平少儿险、老年人意外险产品情况进行调研。

2020 年 4 月 2 日 -4 月 17 日，各家保险公司按照《意外验发生率表编制数据收集方案》修正保单登记平台数据。

2020 年 4 月 3 日 -4 月 24 日，开展意外险经验发生率表编制工作第二次专项调研，就三类意外险条款数量及要素信息、续保业务、职业信息、伤残评定标准及伤残等级、医疗信息等数据情况进行调研。

2020 年 5 月 18 日 -5 月 27 日，12 家保险公司按照要求报送意外险数据。

2020 年 7 月 27 日 -7 月 28 日，各家保险公司支持成立数据小组、数据调研小组、职业风险等级标准研究小组、动态回溯和常态化监控小组、发生率高年龄外推研究小组等职能小组。

2020 年 7 月 31 日，召开意外险经验发生率表编制工作数据小组线上沟通会，介绍数据小组工作任务和后续安排，并沟通研讨数据准备的工作方案。

2020 年 8 月 11 日 -8 月 12 日，召开意外险经验发生率表编制数据准备工作线上宣讲会，宣导意外险经验发生率表编制数据准备工作的目标，任务及计划。

2020 年 8 月 12 日 -9 月 11 日，各家保险公司根据数据要求，开展数据修订和理赔数据补录工作。

2020 年 8 月 14 日 -8 月 28 日，各家保险公司评估本公司数据情况，形成数据自评报告。

2020 年 8 月 27 日，召开意外险经验发生率表编制职能小组工作启动会，各职能小组介绍工作总体目标及前期工作进展情况，并汇报具体工作任务、实施方案及计划。

2020 年 8 月 28 日 -9 月 7 日，开展意外险经验发生率表编制工作第三次专项调研，就职业分类、理赔数据、团单数据等内容进行调研。

2020 年 8 月 31 日 -9 月 1 日，意外险经验发生率表编制工作数据小组专题研讨会在北京召开，一阶段 12 家保险公司集中讨论各家公司数据报送的实际情况，形成数据修订操作细则。

2020 年 9 月 3 日，发生率高年龄外推研究小组开展线上工作研讨会议，就发生率外推的方法论、数据情况和工作小组需要的准备进行了讨论。

2020 年 9 月 4 日，动态回溯和常态化监控小组开展线上工作研讨会议，就现状及监控修订机制进行讨论。

2020 年 9 月 11 日 -10 月 9 日，数据小组对各家保险公司报送的数据展开检查，各家保险公司内部进行自查。

2020 年 10 月 9 日 -12 月 3 日，各家保险公司开展数据修订工作，精算师协会验收数据。

2020 年 12 月 16 日，意外险经验发生率表编制工作粗发生率测算结果线上讨论会召开，中国人寿、平安人寿、太平洋人寿、人保财险、平安财险 5 家保险公司与项目组共同研讨行业意外险粗发生率报告。

2020 年 12 月 22 日，意外险经验发生率表编制工作阶段性总结会议在上海召开，项目组总结工作成果，各家保险公司分享工作经验，共同研讨数据规范。

2021 年 1 月 14 日，动态回溯和常态化监控工作方案线上研讨会召开，征求各家保险公司对《动态回溯和常态化监控工作方案（初稿）》的意见，研讨监控指标及维度口径。

2021 年 1 月 22 日 -1 月 29 日，各家保险公司对《动态回溯和常态化监控工作方案（初稿）》进行内部研讨，反馈相关意见。

2021 年 2 月 4 日，召开意外险经验发生率表编制方案线上研讨会，介绍编表的数据范围、编表方案等内容，征求各家保险公司意见。

2021 年 3 月 18 日，意外险经验发生率表编制成果研讨会在北京召开，项目组对编制工作整体情况、意外险改革任务进展和发生率表测算工作情况进行汇报。

2021 年 3 月 25 日 -4 月 1 日，《意外险经验发生率表（内部测试版）》编制完成，各家保险公司进行内部测试并反馈意见。

2021 年 3 月 30 日 -4 月 6 日，面向 10 家保险公司开展意外医疗 + 津贴产品调研。

2021 年 4 月 1 日 -4 月 30 日，《中国保险业意外伤害风险管理报告（2021）》初稿完成。

2021 年 4 月 25 日，《中国保险业意外伤害经验发生率表（2021）（征求意见稿）》发布，并向行业所有公司征求意见。

2021 年 7 月 6 日 -7 月 13 日，根据前期征求的意见，项目组调整意外发生率表水平，8 家保险公司进行第二轮内部测算。

2021 年 9 月 23 日，《中国保险业意外伤害经验发生率表（2021）》正式发布。

图索引